昭和の怪物

裏も表も芸能界

なべおさみ

講談社

出来得れば、発展すべき余剰を充分持った若者に、この本を贈りたいと念じペンを執ってまいりました。いわゆる「堅気」の人々に中心を置きましたが、それは御時世というものを考慮してのもの。私は「堅気でない」人々にも「男」を見て生きて来て、そして生きていると、はっきり申し上げておきます。

なべ　おさみ

平成二十七年　燃えるような暑き日に

昭和の怪物　裏も表も芸能界

目次

森繁久彌
三波春夫
村田英雄
ハナ肇
植木等
犬塚弘
安田伸
桜井センリ
ザ・ピーナッツ
石橋エータロー
谷啓
青島幸男
大村崑
笹るみ子
羽生田明夫
石津謙介

高峰三枝子
布施明
勝新太郎
中村玉緒
若山富三郎
杵屋勝東治
加賀まりこ

八代亜紀
菅原文太
愛川欽也
杉村春子
萩生田千津子
小泉純一郎
水上勉

山田洋次
ミヤコ蝶々
渡辺晋
坂本スミ子
水原弘
石原裕次郎
美空ひばり

第二章

本物 ニセ者 エセ者

安倍晋三
安倍晋太郎
白洲次郎
落合博満
五木ひろし
王貞治
池永正明
尾崎将司
片山康
輪島
江藤慎一
青木功夫妻
野村克也夫妻
三條正人
小野ヤスシ

第三章

怪物たちと怪事件

佐藤昭司　竹下登
直井二郎　宮田輝
花形敬　堺正章
中島みゆき　柄本明　盛田昭夫
松林宗恵　木の実ナナ　大賀典雄
森中勝彦　古関裕而　穐吉正孝
長門裕之　萩本欽一　石津啓介
森繁久彌　白竜　「日航ハイジャック遭遇顛末記」
金田賢一　香山美子　鳥羽一郎
谷村新司　船越英一郎　海老澤勝二
服部克久　松居一代　江守徹
佐藤栄作　井深大　黒木瞳

終章 再び「ケ」と「ハレ」考

日本人の真の起源をたどる道

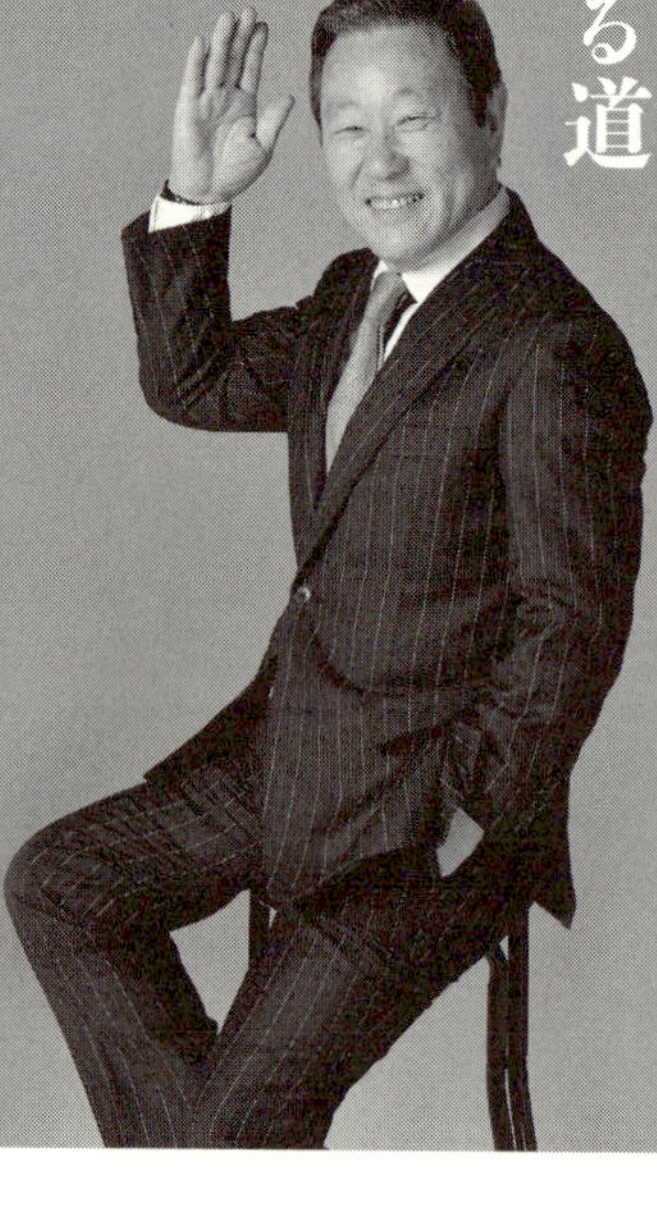

358

おわりに

造本・装幀　岡　孝治
写真　渡辺充俊

序章

「ケ」と「ハレ」考

高倉健
水原弘
美空ひばり
江利チエミ
小林稔侍
山本麟一

「ほーう！　いいねぇ！」

高倉健さんに誉められた。

初めて買った小さな小さな車だった。

ヒルトンホテルの玄関前で、大きな体をくの字に曲げて助手席に乗り込むと、

「渡辺さん、一丁走らしてみるか！」

と、私に指示をして国会議事堂を抜け、お堀端から東京駅方面へと向かわせた。

パレスホテルの地下駐車場にパークさせ、ズンズン歩いた。私は後を追った。

「お祝いに、造ってやりたいから、二枚、頼むぜ！」

「かしこまりました」

タケナカシャツだった。

首だ、腕だ、背中だと測られて、注文品のワイシャツをプレゼントして下さった。

「そのかわり、この店で造ってよね」

そう大先輩に言われた言葉は、今も私の心に生きていて、新装なったパレスホテルに息子を連

れて行って二枚、造ってやった。

「お前も、これからは、ワイシャツはここで頼むぜ！」

私が手にした車にかこつけて、初めて私にオーダーメイドのワイシャツを与えてくれた喜びを話して聞かせ、なべやかんの結婚のはなむけとした。


私が大学の後輩として認知される以前から、私は高倉さんから厚遇を受けていた。

水原弘・美空ひばり・江利チエミの皆さんとのつながりもあるが、銀座という盛り場や、明治大学との関連の方が強い気がしている。それは、考えれば考えるほど高倉健という人間の魂の深《しん》潭《たん》にたどりつくのです。

人間性です。

映画俳優という職業で健さんを考えた場合、映画の中の姿に、観客の全てが「ハレの世界」を体験するのです。

さながら、己が高倉健になった気分になってしまうほど酔い痴れるのです。

しかし、それは高倉健が演じる登場人物に魅せられたのですが、もう、その区別が出来ないほど心を奪われているわけです。

それこそが「ハレの世界」です。

その「ハレの世界」を創り出す為に、毎日毎日、撮影所通いをして映画の撮影の「仕事」をするのが高倉さんの生業《なりわい》なのです。

ですから演じる人間にとっては、俳優業は「ケの世界」なのです。

「ハレの世界」の中の「ケの世界」ですが、本人の生活そのものの「ケの世界」が現存しているのです。

そこにこそ、「人間高倉健」が存在しているのです。その真実の姿を見せてしまう人と、見せない人が、私達の芸能界にはおります。

絶対に見せない代表が高倉健さんだったと私は確信しております。

俗に、「ナゾの私生活」などと喧伝されるほど秘密じみていましたから。


「入る笠も無く、この歳で遅い一人旅です」

小林稔侍

師と仰ぐ高倉健さんに逝かれて、稔ちゃんが送って来たメールです。


「おっ、稔侍、乗れや！」

銭湯から出てきた小林に、停まっていた背の低い車から首を出して声を掛けた男が居た。

真夏の暑い日で、稔侍はランニング姿にステテコだった。有無はなかった。問答無用だった。石鹸箱と手拭を持って助手席に座った。ポルシェは走り出した。

「そのまま、車で日本中走り回って、外国をほっつき歩いて、二年間帰れませんでした」

その笠が、風に飛んで消えた。


「先輩、あの熊は怖かったですよね！」

高倉さんの言葉に、目を細めて頷いた。

……この熊の話はここではしませんが、四歳下の大学の後輩が可愛くて仕方がないのだ。東映映画の人間なら誰でも知っていた。

「健ちゃん苛《いじ》める奴は、誰だろうが俺が相手だ！」

そう公言してはばからなかった。

「麟《りん》さん相手じゃ、熊だって敵《かな》わねぇ！」

山本麟一さんが無二の友だった。

「健ちゃん」

「先輩」

私も大学つながりで可愛がってもらった。

知る限り、健さんの本当の「ケの世界」は、この麟さんと稔侍しか知らないのではないだろうか。

「ハレの世界」の風聞の中で輝き続けて、遠くへ去ったが、誰の心の中にも遠ざけられない高倉健さんが住んでいる。

それこそが「ハレの世界」の中の健さんなのだ。健さんの表の顔は「ハレ」だったのだ。

ちょっぴり、私にはお二人に聞いた日高山脈歩きのキャンプで遭遇した、熊との恐怖体験などの「ケの世界」の高倉健さんが心に住んでいる。

ちょっぴり、誇りとしているのです。

第一章
芸能夜話

布施明
勝新太郎
中村玉緒
若山富三郎
杵屋勝東治
加賀まりこ
八代亜紀
菅原文太
愛川欽也
杉村春子
萩生田千津子
小泉純一郎
水上勉
山田洋次
ミヤコ蝶々
渡辺晋
坂本スミ子
水原弘
石原裕次郎
美空ひばり

森繁久彌
三波春夫
村田英雄
ハナ肇
植木等
犬塚弘
安田伸
桜井センリ
ザ・ピーナッツ
石橋エータロー
谷啓
青島幸男
大村崑
笹るみ子
羽生田明夫
石津謙介
高峰三枝子

神様

「なべ、お前、神様って居ると思うかい？」

神様に聞かれて、私はキョトンとした。

「な？　突然、老人がそう言うんだよ、『森繁さん、あんた神様っていると思うかね？』ってさぁ……」

私は私の神様の、こうした話の振りが好きだ。この人ぐらい話し上手な人に、ポンと話を切り出されると、その展開が読めない。

どう出てくるかとワクワクする。

「あれは暑い日だったなぁ……」

と、遠い彼方を眺めるように、目を細めた。私は言葉を待って身を静めた。

途端に私の手の中で、神様の足がピクンと動いた。

「何をしてる！　手を休めてどうする！」

そうは言わなくても、足で言っている、足が促しているのだ。

そうか、私は神様の足を揉《も》み解《ほぐ》し始めたところなのだ。

神様は今やっと、貧しいユダヤの老人テヴィエから脱け出して、芸能界の第一人者、帝国劇場二ヵ月公演を背負って立つ大俳優、森繁久彌に、束の間戻ったとこなのだ。

そして私は、その大スターの足下に平伏して、付人として仕える人間なのだ。

摩《さす》るように撫でるように、赤児にタルカムパウダーを摺り込む如く、細心の神経を使いながら疲労した体を復元させて、明日には又、やる気満々のテヴィエにして劇場へ行かせるのが、私の務め。

神様は天井を見ていた。

既に、インプラントの歯も外して、大きなベッドに大の字で寝た姿は、白さの混じった髭だらけの顔に少し安堵の色が窺《うかが》えた。

体中が油断していた。

その心こそ、絶対人前では見せない安らぎだと私は察した。

私を信用してくれているからこそその、緊張感からの脱却かもしれない。

何たる嬉しさ!

「窮鳥　懐に入れば猟師もこれを殺さず」の例えは悪いだろうかと思った。事実、巷では私の事を窮鳥と言っていたりしていたし。

懐に飛び込まずして、誰が素《す》の自分を見せようかと、これは私の曖昧な人生哲学。

気持ちが良いのか、眠いのか、舞台の張り詰めた気分を解放しきれていないのか……。寝るな

ら寝るが良かろうと、私は私の作業を静かに続けながら、

「長い間《ま》（芝居の用語）だなぁ」

と思っていた。

「あれは……」

と、目を閉じた。

「あれね……」

と、私。

「……暑い日だったなぁ……」

と、神様は、二度同じ言葉を吐いた。

そこからは、速射砲というか一五〇キロのピッチングマシーンと言うべきか、淀みも無い物語の披露が、啖呵《たんか》の如く続いた。

私の記憶で要約するとこうだ。

映画の撮影で三浦半島の小さな漁村に出掛けた。昼食時間の休息に、女物の日傘をさして、浜辺を歩いてみた。遠くに小さな舟が砂浜に置かれていた。近寄ってみると、舟の上で一人の老人が、魚網の手入れをしておりました。黙って繕う老人の手際の良さを、こちらも黙って見ていたら、一度もこっちを見もしないというのに、いきなり、

「森繁さん、あんた神様っていると思うかね？」と聞いて来たと言う。

もうこの時は浜辺の老漁師になりきっていて、軽く咳《しわぶ》いたりした。

「あたしゃ、マリアナ諸島で操業中に台風でやられた六漁船に乗っていた一人でね」

「ほう」

と思わず声が出た。

こんな時の神様は上手い。

話し上手は聞き上手なのだ。

きっと一歩前に出て、舟縁《ふなべり》に近寄ったに違いない。日傘も後ろに傾けたろう。

「……死者一名、行方不明者二〇八人が遭難したの覚えてるかな……？」

「覚えてる！　覚えてる！　覚えてますとも！」

と、声には発しない。モンモン（芝居用語）だ。顔は大きく頷いたろう。ここはテレビの演技じゃ駄目だ、芝居の仕草じゃなけりゃなと考えたにきまってる。常道でもそれで良し。事実、記憶に新しかった。

昭和四十（一九六五）年十月の事件だからだ。

「気が付くとね、わたしゃ一枚の板切れに必死にしがみついとってね。荒波にさらわれまいと死にものぐるいだった……眠っちゃいけない眠ったら終わりだと、荒れ狂う海に揉《もま》れとった……」

「ふぅ……！　へぇ……！」

この呼吸は真似が出来ない。

老漁師も気分が乗る。乗らないわけが無い。

「後で知ったんだがね、八時間は波間を漂っていたんだそうだ」

「ほーう！　八時間ですか！」

「通りかかった日本の貨物船に救われたんじゃがな……」

私は老人と働き盛りの名優とのやりとりが、映画のシーンの如く浮かんでいた。

人の気配の消えた森繁邸深く、寝室とて、枕元のサイドボード上のシェードから落ちる光だけの静まりの中で、もう年老いた漁夫に変身していた。

「温もりが体に戻ってきて、助けられたと判った時、私しゃ船長のところへ飛んで行ったんじゃ！」

すっかりフィッシャーマンに成り切って力強く片手の拳を突き上げた。

「ほう！」

これは私。合いの手だ。

「私しゃねぇ、船長の前に土下座した。土下座して額を甲板に擦り付けて頼んだんだ」

「……頼んだ？」

これは小さく、聞こえるか聞こえないかの私の声だ。代わりに揉む手を休めた。

「頼んだんだよ！」

芝居の神様は、老人に成りきっていた。

入魂の芝居に思えた。

「船長！　船長さん！　私が助かったのは、あの板っぱちのお蔭なんです！　私の命が助かったというのに、私はあの板を海の中に放っぽりだしたままです！　あの板はさ迷っているんです！　あの板を拾わないでどうします！　何としても私は、あの板と一緒に日本に還りたい！　船を、船を戻して下さい！」

両手を天井に向かって差し上げた姿は、若干、テヴィエに似ているなと思った。

『屋根の上のヴァイオリン弾き』のテヴィエ。

「あの板を残して、私だけが助かっては、もう私しゃ海で生きてはいけない！　船長さん！　戻して！　戻して下さい！」

間があった。

おい、お前、このダンマリは何と心得る？　な、判るよな？

はい、先生、この森繁の間は、つまり、船長の気持ちを推し量れという事でしょう？

偉い！　そうだよ！　それなんだよなぁ！

と、これは私の推測。

「考えてもみなよ、貨物船だって台風の中を突き進んで来たんだぞ。荒海じゃ余計な燃料を使って来たろうしな」

これは素に戻っての言、否、ナレーションかもしれない。

そう言いながらも、私の手が休めば私の手に間を与えまいと、足首から先で催促する余裕。積み荷がバナナか魚貝か知らないが、救助の時間もロスしたろうし、今来た途を戻るなんて出来る相談じゃないよなと、これは私のおもんぱかり。

「船はこの男を助けて、この男が温かいスープかなんか飲まされて正気にかえった時までの時間進んで来たわけだ。既に救助水域から遠く離れているんだ。幾ら台風が去って時化《しけ》から解放されたと言ったたって、出来る相談じゃないだろ！」

えっ？「出来る相談」は同じ私なりの思案だったぞと、私はやみくもに嬉しい。

「私しゃぁ……」

また漁師だ。

「私しゃ、土下座し、床を叩いて懇願し、泣いて泣いて頭を下げたんじゃ……」

「船長さん、あの板きれ一枚が命を助けてくれたんじゃ、なんでこのまま放置して還られましょうかい。私しゃ、海に飛び込んで死にますぞ！」

何と船はとって返したのだ。

一漁民の心根が、同じ海に生きる者としての船長や船員の胸を打ったのだ。

海図に示された海は夜だった。

船の八方で船員達のサーチライトが、暗い波間を行き来した。

全員が必死に捜してみたが、所詮、広大な海の上で海の藻屑《もくず》を見つける事など出来はしなかった。それでも、懸命の努力は続けられた。

船長が腕時計に目をやった。

老漁師も納得した。

船長がその顔をゆっくり覗き込んで、打ち切りを決断した。

その時だった。

「おーい！」

と、舳先で声が上がった。

駆け寄るサーチライト群。

集中を受けた光の輪の中に、波間を漂う大きな一枚の板の上に、縋《すが》るようにへばりついた八人の漁師の姿が浮かんでいたのだった。

「私しゃねぇ、居るって思ってるんですよ」

その老人こそが神ではなかろうかと、私の芸の神様も、そう思ったんだろうなと……。

同じ思いが又、私の胸にあふれて、その夜のマッサージは倖せだった。

先生に出会えた

人生の幸運は、どんな人と出会って生きて来たのかにつきます。しかし、その時点では余りラッキーだとは思えないのが己の情けなさで、後《のち》ほど後《うし》ろを見てみると、そうかぁ！　と思う人が浮かんでくるのです。

その時は相手はもうかなりの歳になっているはずです。私みたいな半端な人間でも、数々の神様みたいな人間に度々会って生きて来ているのです。

「とにかく熱く燃えて何でもやるんだよ。何年か経って振り返るとな、あそことここと、あっちとこっちとって具合にピカーッと光ってるところが見えるんだよ。それを仕事だとしたらその点を結んで線を引くと、行く先の仕事の方向性が見えて来るんだよ」

森繁久彌さんが笑っていた。

私が三十六歳の時で、先生が六十二歳の時でした。

私の心の中には、〝とにかく燃えて〟ばかりが教えとして残ったのでした。

何故かといえば、好きな仕事の道で生きている私には、実にいい加減な性分があって、気の乗らないものに必死なんかに少しもなれない生き方でしたから。

気が乗らないものに関与している事が、何よりも嫌いです。だってだって、小学生の時に定めた役者の道で生きている自分が、その仕事に情熱を燃やすのは、実に楽しい事です。その楽しさを充分燃焼させて生きてれば、嫌なこったというものにかかずりあってる時間がありません。

それは今でも熱く燃えて生きております。


あれは幾つの時だったろうか。

広い中庭だった。

丘ひとつがそっくり敷地になっていて、道路から屋敷内に入るには少し斜面を登る。

家そのものが高間にあって、そこに建ち並んでいた。

その真ん中が中庭であった。

私は、その踏み締められた黒土の上に平伏していた。

パチン、パチンと、足の爪を切る音が響いていた。

初夏の陽射しは中空にあり、両手を地面につけ額を少しだけ浮かした私の身に、遮る物ないまま降り注いでおりました。

少し音が消え、紙の触れ合う響きに変わった。

私は身を固くした。

恐らくこれは、広げた新聞に落とした、切り爪を集めているのではないと悟ったから。

私が中庭に闖入《ちんにゅう》した時、森繁久彌は縁側に座していたのだ。

その時、ふと、私を見た。目だけを上げて。見たが言葉もなく、目を落として作業を続行していった。

私は躊躇もなく内ポケットから封筒を出し、新聞の上に伸びている足の指先に、そっと置いて退《さが》った。

そうして大きな柿の木を背にして、中庭中央に正座をし頭を垂れた。

全神経が耳にあった。

三枚の便箋に、心からの願望を書き込めたつもりであった。

まるで無かったことであるかのように、空気は流れた。

長い時間であった。慎重な上にも慎重な進行が守られていた。

そして、突然、音が消え、それが私の嘆願書への動きに変わったと理解した。

風はそよりとも無かった。

パチン、パチンと音がした。

右から左に移ったのだろう。

私は目を閉じて微動だに出来なかったが、何故かこの経験は一度や二度ではない気がしだしていた。

御大将の下に這いつくばった自分が、実に楽しい現実だと、過去の体験からも知らせて来ていたのだ。私が昔、木下藤吉郎と名乗っていたころに……あれは、蜂須賀小六とだったろうか、はたまた信長様の前でであったのか。遠い日に確かにあったと気が付いた。

耳からヤスリの擦り音に変わったと知らされた。ゆっくり、ゆったり、ゆうゆう、と、秒が刻まれていった。

陽が少し西に動いて、私の体に柿の葉蔭が落ちて来た。

ゆるやかな時の流れの邪魔にならぬようにと、私は自分の気配を必死で消していた。

爪切りをしまう音も、煙草を吸う動きも聞こえぬまま見えぬままに見ていた。

冷えた麦茶のコップの水滴が、コップを伝い落ちる音さえ聞こえる気がした。

私は動けなかった。

どう受け止められるのかと思ってではない。遠い昔の日々に、私であったろう人間が身動きなどけっして仕得なかったであろうから、連動仕掛けに為っていたのかもしれない。

ダイヤルを回す音が始まった。

呼吸を止めた。

呼び出し音がしているのだろう。

まったく音の無い世界であった。

「……あのね……森繁だがね……『屋根の』芝居は、稽古前から、なべおさみを付人で使うからね」

有無を言わせぬ問答無用の威厳に満ちた言葉が届いていた。
伏したままで、私は泣いた。
あれは三十六歳の想い出だ。

御大と御大

昭和三十年代の歌謡界には二大キングが存在していた。業界内にもキング同士は仲がしっくり行っていないとの評判が流れていた。

私はどういうわけか、この両キングに嫌われてはいなかった。それというのも、ラジオで「平凡アワー」という歌謡番組のレギュラー司会者をしていたからだ。

そのキングは三波春夫さんと村田英雄さんだった。お互いが浪曲から歌に転じていて、判り過ぎる程判った過去を持っていたから、ライバルとしてはこの上ない条件を満たしていたのだ。それを身近なアーミーが「村田が！」とか「三波は！」とか吹き込むものだから、風の煽りを受けて、本人が「この！」とか「くそ！」とか思わされてしまって、それなりに不仲だと定評になっていた。

「おさみちゃん！　三波んとこ顔出せるのは、お主《ぬし》しか居ないから、ちょっと頼み聞いておくれよ！」

と、村田の御大が言った。周りはみんな村田さんを「御大《おんたい》」と呼んでいたが、私は飯をごちそうして下さる方だったから「おやじさん」と言っていた。

堅気の気が半分で、残りの半分が堅気ではない気のムードの村田さんは「おやじさん」を非常に喜んだ。別に私は村田さんの所属事務所の「新栄プロダクション」の息のかかった若い衆でもなく、ただただ村田さんの人柄が好きだったから、頼まれたら何でも引き受けた。

「村田英雄が頭を下げて、おさみちゃんに頼むんだぜ。聞いとくれよ。な、頼むって！」

まだ用件を聞いても、断ってもいなかった。でも、かなりややこしい頼みの気がした。十歳も歳上の人が、真顔で頼むのだ、頼まれないわけにはいくまい。

聞いて呆れた。

「馬鹿かあ！」

はっきり声にして言った。天下の村田英雄に向かってそう言ったと、新栄プロの西川幸男社長に告げられたらえらい事になる。息子の山田太郎さんでも同じだろう。

「な、何て云った？」

と、御大も言ったもの。

「馬鹿かぁって言ったんですよ！」

「馬鹿かなぁ？」

御大は素直なのだ。純心なのだ。初めてハワイに行く時、交通公社で言われた。

「名前はローマ字でお願いします」

しばらく考えて、

「又、来ます」と、帰っちゃった。

しっかり勉強して来て、交通公社にやって来た。

「村田さーん！」

「はーい」

「ここ、本名をローマ字でお願いします」

しばらく考えて、

「又、来ます」

村田英雄は芸名で、梶山勇じゃなきゃ駄目なのだから、付いてる者が悪い。

付いてる者が言った。

「先生は、知らないってことを知られるのが嫌な人ですから……」

うむ、……な！


ハワイに着いて、側近に言ったそうだ。

「おい！　ハワイは凄いな！　外車ばっかり走ってやがる！」

これだから、たけしにい、い、肴《さかな》にされて、二度売れしちゃうんです。

「だけど、そっちにしか頼めないだろが！」

御大は持論を展開して攻めて来た。私にしか頼めないってのは泣かせ文句だった。

で、引き受けた。


丁度、敵は歌舞伎座公演中だった。

こちらの御大は、私の両親が新潟出身だったから、もうそれだけで私に優しかった。

私と大晦日の紅白歌合戦で顔が合うと、仲良しの同郷の友が居たような感じで、スター連の中で大声で「おさみちゃん！」と声を掛けてくれたから、村田親派からは胡乱《うろん》な目で見られた。


「おめでとうございまーす！」

持参の「銀座鹿乃子」の甘い物を差し出すと、それだけで相好を崩して下さり、

「上がった上がった！」

開いた折詰に牡丹餅《ぼたもち》が入ってたのを喜び、直《す》ぐに召し上って下さり、

「ああ、判ってる人の差し入れは違うなぁ！」と、奥で笑っている奥さんにも奨めるのでした。

ゆき夫人も立派な女性でした。三波御大はこの奥様あっての立身出世であったと思うのでした。

側に居て喋らないのです。

ある時期、三波春夫には「子ほめ」の事と、流言されたものでした。それは三波さんのお宅へ取材などに出向いたら、まずお子さんを誉める事から入るのだと伝わっておりました。

私も練馬の江古田のお宅へ伺いました時、

「御大、可愛いお子さんですね！」

と言った途端、祝儀袋を摑まされたものでした。そこにはピン札の一万円が折り目正しく入れられておりました。使わないで保存しとけば、今頃は何十倍にもなっていたでしょうね。


さて、楽屋に戻ります。

「御大、今日は村田英雄さんからのお願いを持って参上致しました」

そう告げました。ライバルとはいえ村田さんより六歳も年長者なのですから、姑息な真似は出来ないと私の考えを実行したのです。

「村田さんから？」

「はい、実は、ライバル、ライバルと言われているのだから、私達は武蔵と小次郎か羽黒山と東富士かでおりましょうと、こう伝えてくれとの事でした。ついては、三波御大が、何センチの高さでステージ用の草履を作っているのかをお聞きしてきてくれと、こう申しました」

こう申してはいなかった。

こっそり調べて来てはくれまいかと頼まれたのですが、言う方《ほう》も言う方です。

でも、頼まれる方も方です。

で、後々、禍根を残さないように、ネタバラシで当たって砕けてみる事に。

「はっはっはっ！」

俵星玄蕃《たわらぼしげんば》が高笑いです。

奥様が、まだ箱に入っていた新調のステージ用の草履を開いて、目の前で測って下さいました。勿論、通常の物よりずっと高さがあります。

「村田さんにね、こう伝えて下さい。これ以上高いと、歌に力が入りませんと。そして、足袋下は付けられないと言って下さい」

背の高さをめいっぱい客に見せる為に、三波さんは草履に工夫を凝らしたのだ。作っては駄目を出し、駄目を出しては作り直し、前方の厚みや踵《かかと》とのバランスを造り出したのだと思う。白の洋服でデビューしたのだが、ゆき夫人が和服で歌う事を主張して、それで成功させた時、やはりもうすでに草履による背丈の戦略が奥さんの頭には閃《ひらめ》いていたのだと思う。洋服では不可能な、裾の長さで隠せる分だけの身長の伸びしろが、着物にはある事を。思ってもみなかった幸いな言葉を土産に、村田のおやじさんの所へ向かった。


ガラ系携帯電話を死守していた私が、らくらくスマートフォンに変えたのは、三波御大の「俵星玄蕃」が見聞出来ると知ったからでして、「ガラ系同盟」への裏切りですが、ここにお詫び申し上げます。

「足袋下」とは、足袋の踵《かかと》の部分に入れる上げ底です。

私の報告を受けた村田英雄さんも流石の人でした。ユイ子夫人にボタ餅を作らせ、五段重ねの御重を歌舞伎座の楽屋に届けさせました。

「どう言っていた？」

と村田さんが奥さんに聞いたら、

「糖尿病になっちゃうよっておっしゃってましたよ！」

「ハハ、バレたか！」

言った村田御大が糖尿病になっちゃった。


「おさみちゃん、頼むよ！」

NHKで御大に頭を下げられた（この御大は村田さん）。又、頼みか。

「オレ、家を建てたんだぞ。俺の考えでな。池を作って、それが家の下にまで入り込んでてな、ガラスの床だから寝室のベッドで錦鯉が見えるんだ。そんな家無いだろ？　だがな、ｙｏｕに来て欲しいってのは、それと別。女房が喜ぶからチキンを見に来て誉めて欲しいわけなんだ。頼むぜ本当に！」

西川幸男社長にも頼まれたし、自慢の錦鯉や奥さんの誇りの鶏なども見に出掛けた。

少し時間をおいた為か床にはフローリングに絨毯が敷かれていて、鯉など見えなかった。

「寝室が冷えて冷えて！」

それだけの言い訳があったがチキンの言い訳は無かった。

金鶏も尾長も居はしなかった。

奥さんの喜びは新しい台所《キッチン》だった。


——二人の御大の為、合掌の合唱——

強い味方

ドンドンと鉄製ドアを叩かれた。

コンクリートとドアのお蔭で、どなり声は小さく聞こえた。

「どーれ！」

そう応えて開けた途端、相手は山賊の巣窟に来ちまったかと応変な理解力をみせ、たちまち一山越えた賊群の頭になっちまった。

「貴様！　開けるのが遅いだろうが！」

そのまま革靴も草鞋《わらじ》を放り脱ぐかのように、上がり框《がまち》に投げすて、ズンズン奥へ上がった。

奥へといったって、二間の先は窓ガラスで終わりだ。八畳間には大きなベッドがあるから、座るべき椅子も無かった。

野郎はベッドの縁にどっかと座り、

「手前ぇも気がきかねぇな！　オレ様が来たら冷たいもんの一つぐらいサッと出て来るのが普通だろ！」

「へえ」

「へえじゃねぇやコノヤロウ！」

「無《ね》えんでさあ！」

「何？　何もへえっちゃいねぇのか！」

「いえ」

「入ってるのか？　冷えちゃいねぇのか？」

「いえ、冷やせねえんで！」

「コノヤロウ！　話の見えねえ野郎だな！　何で冷やせねぇ？」

「冷やす物がねぇ……」

「じゃ買って来やがれ！」

「行けねぇ……」

「何故行けねぇ」

「近くに電器屋がねぇ！」

「ふざけたヤロウだね、電器屋なんぞ行ったたって仕様がねぇだろ！　酒屋とかパン屋とか、早く行って買って来やがれ！」

「いえ、親方、うちがねえのは冷蔵庫なんで！」

「カーッ！　オレ帰るわ！」

コントではない。

もし、野郎が私のアパートに来ることがあった時は、来た者勝ちで上位の人間になるとの取り決めが、二人の間で出来ていた。

私はあくまで、ハナ肇付人の分際だったし、敵はクレージーキャッツの売り出し中の男だったから、上下の関係はきちんとしていたが、訪問時は遊びだった。極端な上下関係で、私は召し使いか下男か奴隷だった。

とにかく訪ねて来たらもう、上にも置かない待遇と接客態度で饗応いたさねばならぬ掟だった。

仕事の合間に、そんな馬鹿話が出て、

「……なんて取り決めってどうだいベーナ？」

「うん、乗った！」

「じゃ、そういうこって！」

一月ぐらい経った時、突然ドアが開き、ほっかぶりした男が飛び込んで来た。

仕事の休みの日で、マイルス・デイヴィスの「チュニジアの夜」が流れていた。

冬の夕暮れは早い。暗くなったばかりだが、曲がピッタリ合っていて、私は二つのスピーカーの三角地点で立て膝を抱えて聴き入っていたから、びっくりした。

男はゆっくり顔を隠していた手拭をとった。

「あっ、これは旦那！」

「シイッ！　名前を出すんじゃねぇ！　〝壁に耳あり障子《しょうじ》は歌江〟よ！」

「カシマシ……」

「ヤカマシイ！　何処で盗聴されているかしれたもんじゃねぇ」

「一寸、表を見てみましょう」

「すまねぇ、つけられちゃいまいが、ＣＩＡもＫＧＢも血まなこでね」

「何かやらかしたんで？」

「そうよな。バレたんだろなぁ、埼玉県を沖縄に売りとばしたのが……」

「ま、ひとまず上がって下さいな」

「おう！　お前ステーキは好きかい？」

「(言おうとしてるのに)」

「そうか、ばかいいのか。よし、ホレ電話しろよ！　モリ二枚だ、ザルはよしな！」

「どうして？」

「ザルは穴だらけ、森なら木だらけ！」

訳が分かんない。

休みの前日に「明日、家にいるか？」とでも聞いてくれたら良いのに、そんなことがあったためしが無く、突然現れて威張るだけ威張って帰って行く。

ある時は遠山桜のお奉行様。ある時は町屋の大店《おおだな》の旦那様。又、ある時は片眼の運転手（この時は眼帯して来た）。そして又ある時は、吉原の……これって良く判んなかったんだが、私のアパートがルートコで、入りに来たんだが初めてと恥ずかしさとで、ドアのところで入ったり出たりして、モゴモゴ言ってて判らないうちに帰っちゃった。……のだと一晩掛かってそう判断した。若き日のヤツのノスタルジーか。


どうあれ、野郎は、食えない私の腹を満たしてくれる大スポンサーだった。

むこうは飯代ぐらいで気分良くさせてくれるんなら、安いもんだと思ってたんだろう。そのぐらい、世馴れた身には簡単に読めた。でも、お上手ばかりの芝居では面白くないから、他の手も考えようとなった。

身分制度の崩壊だ。

映画によくある手だ。

ある日、ひょんな事から社長が乞食に、乞食が社長になってしまうという悲喜劇。

私とヤツには、離れていて見えない位置に居ても、スタジオ内に居るお互いの所在を知らせ合う合図が作り出してあった。

それは口笛だった。口笛は口笛でも、唇を尖らして鳴らすのではなく、唇と歯を微かに開け、息を吐く。

「スイーッ！」

と吹ける。

「おーい、ベーナ、お前どこにいる？」

で、

「スイーッ！」

とくる。

私は師《ハナ》肇の着せ替えなんかで忙しい。

「スイーッ！」

「スイーッ！　（やかましい！）」

「ズイーッ！　（このくそガキ！）」

植木等さんも付人なんか居なかったから、私が手伝う。

「スイーッ！」

「ス……！」

「ス・イ・ツー！」

いじがやけてる。

「ぐわっはっはっ！」

植木さんが吹き出した。二人の遊びを知ってるからだ。

「ズイーッ！　ズイーッ！」

「プスイーツッ！」

これは植木さんが吹いた。

とたんに返答があったが、音程がトニックになっていた。ドミソと口笛が尻上がりに鳴って返って来た。

「ハハハハ」がハナさんで、

「ぐわはは」が、植木さんで、
二人で笑ってるうちに、本番になった。

ところで、少し手を替えて、人前で突然、私が威張り倒すパターンに着手した。

例の「スイーッ！」でヤツが私を見る。

私が何気なくおでこをポンと叩く。

「スイーッ！」

(了解致しました)だ。

「こら！　そこ違うだろ！」

急に私が大声で怒鳴ったものだから、スタジオ中がピンと張りつめた。

「どう理解してそのセリフ言ってんの？」

「えーっ、どこのセリフ？」

と、小心者の脅えが堂に入ってる。

犬塚弘さんがウッドベースを立てたまま固まった。安田伸さんが一瞬で考えた。

「ハナさんが……！」

桜井センリさんは、

「……ん？」

植木さんですら、本番前のほんの一時の和《なご》みが、一気に凍り付いた異変に驚いたらしい。口の閉じ方で判った。

ザ・ピーナッツも、突然の下剋上に、えらい事だと本当に思ったのだ。「ナベちゃん、変になっちゃった」と。

ハナさんは、どっしり事の成り行きを見てみようと思ったのだと思ったが、スタジオには居なかった。ある女優に夢中で、隙さえあれば電話に夢中だったからだ。

（この話は、又いつか！）

石橋エータローさんは平和主義者だったから、この場の人間では一番「えらいこっちゃ」と思ったはずだ。

谷啓さんはというと、文句を付けられているのが谷啓なのだった。

そう、ヤツも野郎もアイツもコイツも、それは谷啓さんその人なのです。

勿論、入れ墨判官も逃亡スパイもです。

「このセリフだよ！　このセリフ！　どう判断してお前言ってんだよ！」

「どこ？」

「どこじゃないだろ間抜け！　ここだよここ」

と私が、台本を広げて、そのセリフの所をポンポンと叩いた。

「よくみてみろ！」

一同が、ボーヤの身分で谷さんにいちゃもん付けてる私を唖然として見ている。

谷啓は目の前に突き出された『シャボン玉ホリデー』の台本を見る。怖《お》ず怖《お》ずと、

「これ？」

「そうだよバカモン！」

確認した谷啓。

「だってこれ、ハナちゃんのセリフだもーん！」

私、ヨロメク。ずっこける。

少し間があって、

「ぐわっはっは！」

植木さんに半秒遅れて、スタジオが爆笑に包まれた。

「ハイ、本番行きまーす!」

原ックス(アシスタント・プロデューサー)の声が響き渡った。


スタジオの隅で、事のいきさつをノートしている男がいた。

青島幸男だった。

次の週、この一件がコントになっていた。


「谷さん、飯、食わしてもらうのはありがたいんですが、涙を流さないと奢《おご》ってくれないいっつうのは、正直しんどいですよ!」

「おかしな事言うね、お前さんも。決めは決め、定めは定めだろが!」

と、野郎、にべもない。

そこで帰って寝ながら考えた。


翌日、仕事場で昼が来た。

「ベーナ! 行くか?」

行かないわけがない。ハナ肇からもらう月給が一万円で、アパート代が九千八百円だった。谷啓さんと仲良しになっていなかったら、とっくに餓死してたかジャン・バルジャンで、ああ無情だった。銀のスプーンを探して……。

食堂のテーブルに着いた。

「涙が見えなきゃ、食券だって買えないわなぁ！」

さっと私はポッケから、細長い紙の束を出した。それは一方が糸でくくられていて、表面には赤鉛筆で、「涙」と書いてあった。

ビリッと一枚を抜いて、谷さんに手渡した。

「涙の食券」として伝説となった内々で有名な話である。

「ああ、な！」

それで、あの人が亡くなるまで、私は飯を食わせてもらっていた。とにかく「涙」と書き続けた。

大阪のテレビ局で、逆転劇を突然やった。

大阪のタレントに混じって、クレージーキャッツが出演していた。軽いドラマだった。

「おい谷啓！　谷啓――っ！」

「はい」

「お前、そこ違うだろ！　どう判断してセリフ言ってんだよ！」

リハーサルが一段落して、少しの休憩がとられようとしている時だったから、皆んな散ろうとしていた足を止め、成り行きを見守った。

「あの、違いますか？」

「違いますかだぁ？」

最近めきめき売り出して来たグループを、関西のタレントも注目していた。その連中とテレビで一緒出来るのだから、彼等がなんぼのもんかと品定めに入っているに決まっている。と、そう読んだ。

メンバーは、二人の遊びを知っていたから、この場をどう締めるかに興味があった。

「一寸来い！」

と、ここまでは高めの声で言うと、谷さんの肩を抱き、スタジオのセットの隅へと移動した。

あとは小声だった。

「谷さん、昼飯、何食べます？」

「涙の食券持ってんだろな！」

なんてこと、そっと言ってただけ。

「植木さん、あの方、どなたですか？」

聞いたのは、関西でピカイチだった大村崑さんでした。植木さんが事もなげに、

「ボーヤ！　ハナの付人！」

「へーえ！」

「関東ってのは凄いもんやな、弟子みたいなもんが、先生つかまえて説教するんやねえって、私ずーっと思ってましたでぇ」

愛する大先輩は、今でもよくこの話をして私を励まして下さる。

大村崑さんに乾杯！


谷《ヤッコ》さんは私の金蔓《かねづる》でもありました。

ヤツと一緒の時は食事にありつけますが、仕事の終わった一人での夕食では食事代にも事欠く日々でした。

そこで今夜の晩飯代を何としても借りなければならないとなると、もう、一日がその事だけに集約されてしまいます。

それは、どうしてかというと、あの野郎めは、貸して下さい、はいどうぞ、では貸してなどもらえなかったからです。

「幾ら？」

「千円です」

「じゃ千円分。オレ様が気持ち良くなるようなお世辞やおべんちゃらを、聞かせろや！」

「…………」

「どのくらい歯が浮いたかで判断するから」

と、これも二人の取り決めでした。

私は当時、飯田橋に住んでいて、近くは出版社が多いのです。その中に双葉社がありました。クレージーの担当マネイジャーの滝沢ふじおさんが、私の苦境を見かねて、実兄の輝男さんが双葉社が出している雑誌の編集長だったのを幸いに、そこでコラム等を書かせてくれるよう、段取ってくれたのです。月末には色々それ等の収入があり、各方面に返済するのですが、月半ばがピンチでした。それをあのやろめに助けてもらうわけです。

「町の噂を知ってる？」

「何だい？」

「オレの住んでる飯田橋辺じゃ、今評判だけど、アンタの深大寺あたりじゃ、少し遅れてるかなあ、イナカだから！」

「だから、何が？」

「いや、ハナ肇とクレージーキャッツって、谷啓とクレージーキャッツに変わるんだってねってさ！」

「えっ、そんな噂が流れてんのかい？」

「千代田区じゃ官報にも出ているよ！」

「えぇ？　ヒッヒッヒ！」

と、本気で喜んでいるんで、ハナ肇のいない場所限定のジョークとした。

「しかし谷さん、最近は一派だねぇ！」

この「一派」という誉め言葉が、すこぶる気に入ってしまって、これを一日に十回ぐらいは発しないとならなくなった。

「ヒッヒッヒ、オレ一派かい？」

本来一派とは、学芸や宗教や武術などの枝わかれとか仲間とか一味といった意味なのだが、コイツメは一派と立派とを勝手に融合させて、「一派を打ち立てるだけの実力を備えた、立派な人物」ぐらいに考えたに違いない。とにかく、

「やい！　一派！」

「この、一派め！」

と、一派だったらどうでも喜んだ。

「しょうがねえ一派だなあ！　馬鹿一派め！」

でも、

「ヒヒヒ！　オレ一派かあ！」

と、喜んだ。

これで帰りに千円だと喜んでると、突然こっちがハナさんの用事してるのにやって来て、私の

手に握らせて消える。

金を借りてるの、ハナさんに悟られたくないから、手の中の物をそっとポッケにしまっておく。感触としては千円だった。

余談だが、ホテルのコンシェルジェとか一流レストランのボーイとかは、黙って握手風にチップを渡した瞬間に、三十ドルだとか百ドルだとか判るんだそうだ。判るぐらいでなくちゃ一流でないのだ。私だって千円貸してねと朝から頼んでいるんだから、このぐらい判って当たり前か。

合間にそっと見たら、それはメモ用紙で、

「只今六〇〇〇円」と書いてあった。

私はコンシェルジェにもボーイにも向いちゃいないんだわ。


ある日、日がな一日ヨイショと讃辞をくり返して仕事を終えた。なのに、千円が出て来ない。この頃、私は麴町《こうじまち》の日本テレビには、歩いて通っていました。とにかく金のない時代で、何処に行くのにも歩いて通った。

当然仕事の上なら、事務所から交通費がもらえたから、歩いた。歩いて用を足したが、車代はきちんと会社から頂いた。これも、谷さんへの返済金となるのだから、一時間や二時間は平気で歩いた。

これも余談だが、ある時、総務で交通費のチェックを受けていたら、「一寸、外へ！」と連れ出された。

「なべさん、困るよ。交通費がでたらめで！　きちんとしてくんなきゃ！」

と叱られた。私は歩いていて乗っちゃいないから、いいかげんな事はこの上なかった。

「例えば事務所〜ＴＢＳ、これ、あなた安すぎます。マネイジャーとバランスとれないじゃない！」

あっ、そうか、そういう叱責だったかと納得して、主要地点の裏料金表を秘かにもらって、以後はきちんと間違いなく交通費の問題をクリアした。ヒッヒッヒッ。メンゴ！　メンゴ！

さて、歩いて帰ろうと思ったら、四ツ谷駅まで乗っていけと言う。駅なんてすぐ近くだ。谷さんの車に乗るまでもないが、着くまでに千円を渡してくれるんだろうと同乗しました。ところが駅に着いても、車を降りても金の話は出て来ない。こっちは朝の九時から夕方の六時まで、のせにのせ、煽《おだ》てに煽てたというのに千円は出て来ない。

開けたウインドウから煙草の箱が出て、ハイライトが一本首を出していた。

「谷さん、千円って駄目？」

「ま、ま、まあ！　バコタでも一本持って帰んなよ」。こっちは腹がたったから、二、三本引きぬいてやった。ごめんなも言わず車は新宿方面に走り去った。電車に乗れば二駅だったが、そうもいかず「くそう！」かなんか言いながら、暗くなって来た道を歩いた。

谷さんだって千円貸せない時だってあるんだろうなと、ふと思った。

ポッケに逆取したタバコが三本あった。一本を取り出して吸った。

俺が考えてるより谷さんの収入は低いのかもしれないと思えて来た。

外堀を吹き抜ける冷たい夜風が、今夜は馬鹿に身にしみた。それにしても、今夜の夜食をどうするかだ。家の台所の引き出しには、買い物でのお釣りのこまかいのが幾らか放っぽりこんである。こんな時の為にと、わざと手を付けてなかった。

ジングルベルの音楽が市ヶ谷駅あたりに流れていて、余計侘《わび》しくなった。

もう一本タバコを取り出した。

火を付けようとして止めた。ヤツ奴《め》の考えだした新手だった。

そのタバコは、タバコのように固く固く丸められてあった千円札だった。

「…………」

私は、泣きながら家路をたどった。

「……アイツ奴《め》！」


——合掌——

あいつ

あいつに、三十万円貸してくれませんかと、真剣に頼み込んだ。

千円借りる為に、どれほど誉め言葉が必要だったかしれやしない。何しろ、単純に申し込んでも絶対はね返された。

「ベーナ、オレを誰だと思ってんだ？　ユダヤの金貸しか？　長屋の高利貸しか？」

「アラー！　お大尽！　昨夜はカズちゃん様（夫人）と、愛し愛され……組んずほぐれつ……」

「上を下への大騒ぎ！」

「ドンドンヒャララ、ドンヒャララ！」

「ドンドンヒャララ、ドンヒャララ！」

となれば、貸してくれなど言わなくとも、一日の終わりに、

「ホイヨ！」

と千円出て来る。

但し、めいっぱい心持ち良い誉め言葉でのせ上げる事が、一日中要求される。

「おいナベ！　俺の仕事もやれよ！」

と、化粧落としたハナ肇に泣き声出させた事もある（ハナさん、貸してくれないからね）。てなわけで、これが三十万を借りるとなると、どんなお世辞が……。あんな虫も殺さぬ顔してアイツというアンチキショウは実に手練《てだれ》だから。どうしても三十万手に入れないと手に入れたい物が手に入らない。何故手に入れたいかというと、実にどうも、お恥ずかしい話だが……困ったな……。

早い話が、ま、ストレートに言えば、何だな、女ができたということだ。その事で、少し事務所の偉い人に顰蹙《ひんしゅく》を買ってたってわけ。

というのは同棲始めてすぐ、仕事から深夜遅く帰ったら、彼女が七転八倒してるんだ。「痛い！　痛い！」ってね。

直《す》ぐ救急車で近くの警察病院に入院させた。一応、彼女も「笹るみ子」の名で東宝映画売り出し中の新人女優だし、個室に入れたんだ。腸捻転だったから十日程で退院したんだが、入院費の十八万が無かった。で、事務所に頼んだんだが、これが藪蛇《やぶへび》でね。制作部長の怒りを……ね。

「半人前のくせして、一丁前の事やってるからだ」って、貸しちゃくれない。

それは、私達二人の「親代わり」のVAN《ヴァン》の石津謙介夫人が面倒みて下さって乗り越えたんだけど。何かと風当たりが強くなった。そうなると、私のへそ曲がりは曲がるだけ曲がるね。否定は肯定の母だと知ったぞよ。

で、だ。

私は、この人をいとおしくなってね、それでこの人にピッタリの物をみつけたんです。

その物っていうのは……。


ふわついた考えばかりで、腰が据わっていない私がいっぺんに変わった。

「この人が好きだ」が、

「誰にも渡したくない」に。

独占欲ってやつが芽生えたのだ。

短兵急に大人になった。


だから本人に言うよりと、母上様をとばして兄上を馬とした。「将を射んとせば………」だ。

この馬、少し変わっていた。

学習院の野球部では、キャッチャーだったと知った。在学中に呼び屋の真似事をして、外国からトリオ・ロス・ナントカなんてのを呼び寄せ興行なんかしたものだから、本ちゃんのパンチョスにクレームを付けられ、命からがらアメリカへ逃げたそうだ。「そうだ」だから真偽のほどはどうかだが、アメリカでカラーテレビの勉強をしようと思ってテレビ製造会社に勤める事になった。その前夜、ホテルの窓から下の道を見ると、中央に引かれた線が光ってる。階下でドライバーを借りて道へ行くと、光っているのは、道路に埋められたガラス状のものではなく、只の塗料であった。それが光って見えるのだ。

「これは面白い」と、ドライバーで擦ると剝がれた。そこでテレビ製造会社に勤めるのを止めて、道路塗装会社に職を得てしまうんですから。

その塗料を日本に送り、日本での特許を取得してしまうんです。たいした馬です。

帰り途で、一年の稼ぎをはたいて、アメリカ風チキンの天ぷらの日本出店独占契約を取ってくるんです。

ここまでは私の知らない兄ちゃんの歴史。

この馬を射んとて、六本木アマンド横の坂を下った直ぐにあった、店に出かけた。

この馬が出していた店が「ケンタッキーフライドチキン」二号店でした。そう、今のあの、ナントカおじさんが立っているあれ。

「妹さんを私に下さい！」

そう言った。私より三歳上の馬の名は、羽生田明夫と言った。変わってるって、すぐ判った。海の者とも山の者とも知れない私に、

「おう！　持ってけ！」だと。テイクアウトのフライドチキンみたいに言ったものね。

隣に奥さんが居たが、これが、西園寺家系統の血統馬でした。久美子……クミコクィーン。こ

の人の肚の太さで私は以後度々救われるのです。

これはヨイショではありません。

「持ってくなら早いとこが良いわよ！」

「はあ……」

「そうだそうだ。明日にも持ってけ！」

そりゃそうだ、こんな高級品、早いとこ家に仕舞っておかないと、人に持ってかれちゃうと、翌日、実家のトラック呼んで彼女の荷物と本人を私の所へ運んで来ちゃったのです。彼女は母親と暮らしていたんですからね。母親だけ置いて来ちゃったんですからね。

何と非道な仕打ちでしょうか！　私は！

全てを兄に委ねてではありますが、母と一緒に暮らせるには五年くらいはかかりました。

そうして手中にした玉だったけど、毎日毎日私のアパートで独りでいるのは不憫《ふびん》だった。何故部屋にいたのかというと、彼女が仕事をすると、とんでもない稼ぎになってしまうからです。私のデビュー時の月給が三万円だったが、一緒になった頃はその前で付人だったから一万円。部屋代が九千八百円。さて幾ら残るのか？

デビューして、三万円になりました。昭和三十九（一九六四）年の大卒の銀行員の初任給が二万三千円だったから、それ並みだね。

彼女が一本出てくると、私の月給の十倍を稼ぐんです。とにかくギャラの基準が新興のテレビには無かった時代です。映画界でランク付けされているのが参考にされていましたから映画俳優は高かった。テレビ育ちはプロダクションの力関係でランクが付くのが常識ですから弱小プロのタレントは安かった。

それは、今も同じですがね。

それで、彼女が働けば私の威厳が落ちるってもんです。私が稼げるように頑張るのが道で、彼女の働きに期待するものなど何もない。

働くのがそんなに好きではなかったのが幸いして、彼女は仕事をしないと約束をしたのです。偉かったね、この人は。

「私は女優ですから、着る物も持ち物もありますから、何もいりません。三年経ったら、セーターぐらい買ってね！」

こんな言葉言える女はざらにはいないと、健気《けなげ》さに燃えたね。

燃えたから三十万が必要になったのです。

こんな彼女がさびしくないように、いつでも母の元へ様子を見に行けるようにと、私は彼女に相応しい「車」を贈ろうとしたのです。

笹るみ子らしいセンスの車を、もう見つけてしまったのです。この車以外に似合う車は、此の世にはありませんと、私の心は戦慄《わなな》きましたから。

赤坂山王神社裏下に、「日英自動車」と言う外車専門店がありました。

そこを通り掛かったのが運のつき。「運のつき」って「運の付き」って事ですよね。

「ラッキー！」

でした。それはウインドウ内に置かれておりました。これが「モーリス・ミニ・マイナー」でした。チンコイ、チンコイ車です。

私の彼女も精いっぱいサバ読んで一五〇センチと言ってましたが、その体を預けるのに実にふさわしい。私は彼女の喜ぶ顔を頭に描いてショールームに入ってしまいました。

私にもこの車の知識はありました。

しげしげとグリーンの車体をながめました。

このショールームには昭和三十五（一九六〇）年に初輸入されましたから、VANの石津家がここから車を買っていたので、私は当時から見知っていたのです。

「これ幾ら？」

「八十万」

「あっそ！」

駄目です。無理です。無謀です。

ああ、グリーンが遠くなりました。このグリーンが只のグリーンではないんです。グリーンはグリーンでも、白の配分がとても多くて、突き抜ける緑の鮮やかさが抑えられていて、実にイギリス的な落ち着いた大人の色なのです。これを称して「ブリティッシュ・グリーン」と言うのです。ま、渋いというか通好みというか……。

「なべちゃん！」

後ろから声をかけられました。

こういうのを何と言うんでしょうかね。

「とんで火に入る夏の虫」？

「果報は寝て待て」？

「とんだ所へ北村大膳」？　この大膳、私は記憶になかったが、石津三兄弟の祥介、祐介、啓介と仲良しさんで、祐介さんの友人の車好き、式場壮吉さんの仲間だと言った。石津宅で何回か会っていたという。

この男が実に夏の虫というか北村大膳というか、こっちの気持ちの奥底まで全部読んじゃうのには驚いた。

「なべちゃん、ミニ欲しいんだ！」

「えっ、いやいや……」

「そうなあ、瑠美ちゃん似合うよなあ！」

「えっ？」

瑠美子（女房の本名）を知ってるのは壮ちゃんまでで、めったな人には教えてないのに……。

石津家に連れて行った時、会っていたのかなあと、思ったら、

「そうそう、石津さんとこで！」これだ。

そうして営業マンの肩を抱いて、私から離れて、ヒソヒソやってる。

こっちは、誰だっけなって考えてたら、

「よーし決まった！」

と大声を出した。

他の営業マンと商談中の客が驚いて振り向いたくらいだ。ところがこの男は、上から下までVAN製品で、垢抜けたコットンの白パンツに小麦色の綿のクルーネックのセーターで小躍りして、

「ヤッホー！」

かなんか言って戻って来る。

「ヤッホー」なんてワンダーホーゲル部だろうがと、思ったら、

「山岳部だね、こりゃ！」

だもの、飲まれたね。

「なべちゃん決めましょう！」

決めようったって……、

「新車はやめましょう！」

と来た。何なんだこの北村大膳は！

驚いたね。なんて奴なんだろ。

「僕がおとつい納めた下取りのミニ、それ乗りなさいよ。最初は中古が良いから！」

「……？」

「初期のモデルだから八四八ccだけど、さすがだからね！」

「前輪駆動だよね！」

「当然！」

ホラホラ見に行こうと、突き抜けて裏に出た。国会議事堂の頭が見えていた。

あった、ブリティッシュ・グリーン。

「オプションで、ドアノブは内部はワイヤーだぜ。フォグランプも付けてある。タバコは吸わないから臭いはないよ！」

この「藪から棒」男は、センスが良いから車の扱いも丁寧だった。根が優しいのだ。

「下取りが二十五万だったから、何もかもひっくるめて三十万でどう？　よし決まった！」

まだ、三十万が安いか高いかすら考えていないうちに、こっちを度外視。営業マンも無視。名義変更料など諸々含めて三十万は、ぐっと安かった。メーターもそんなに上がっていなかった。

それで手付けを打った。

五……千円。

「五千円？」

と営業マンが言った気がしたが、「棒」が、

「受け取り、受け取り！」

かなんか大声で言って、さっと新車のミニで消えちゃった。あのミニは九九七ccなんだろうなと、私はぼんやり思っていた。それにしても三十万だ？

さあ、えらいこった。とにかく最初に頭に浮かんだのがこの人だったから、ヤロメの城攻めに集中するしかなかった。


「三十万だ？」

己の禄高を頭に浮かべて、身を縮めるかと思った。が、この谷啓という人は、これがまた実に量《はか》りにかからない人で、馬耳東風。気にもとめない。

「いや谷さん、これシリアスなお願いなんですから、真面目に聞いて下さい」

「じゃ何、しばらくオレ様をのせ上げるのを休みにしたいってこと？」

「えっ？」

「さあさあ、三十万のって、どう来るのかな？　さあさあ、どんな手かなあ！」

やりましたねぇ。こっちはあの手この手を出して疲れちゃうんだが、あっちだって疲れたと思

うよ。

「オレは世界で二つだけ疲れる言葉があるんだよ。一つ、家で和《かず》っぺが言う、『ヤッスオーッ、カズコ、アイシテル?』。二つ、『谷さんオレ、役者に成れるかね?』手前ぇだ」

よくそう言って笑ったが、私は役者になったからもう困らしてなかった。

敵もほっとしたと思ったら、三十万円分の接近だった。でも、お金を借りる時はとにかくお上手を言いつくす決まりが出来ていて、この決まりは二人の間の不文律。絶対の戒律。


一月《ひとつき》が過ぎディラーから呼び出しです。

何時引き渡しましょうかと、やんわり、じんわり、お灸です。

「この持ち主は来る?」

「持ち主は家《うち》です」と、にべもない。


二月《ふたつき》が経った。勿論呼び出された。

「助けたんですってねえ!」

「何を?」

「コバちゃん言ってましたよ。銀座で脅かされてた時、渡辺さんに助けてもらったって」

ああ、そんな高校時代のことは忘れたけど、あの藪から棒は小林って名で、トヨペットの重役の子だそうだ。育ちが良い上に人も好かった。それで、その愛車を私に譲ってくれたのも、この会社には大事な顧客だからこその裏事情だったのだ。なのに私は受けとりにも来れないでいた。

「手付け、倍返ししましょうか？」

まで、言われてしまった。倍でも一万だし。


三ヵ月が終わろうとする頃、ついに恐怖の電話が入った。車屋に着くなり、

「どうぞこちらへ」と、気持ち悪いほどの愛想だ。通された応接ルームでは、サイフォンから注がれた上等のコーヒーが出た。失礼ながら私は、手もつけなかった。

この頃は「なんとか断ち」というのを自分に課していて、コーヒー・紅茶・コーラ・タクシー・映画館の指定席・ボウリング等はこの中の「断ち」に入っていたからだ。

おっと、その第一が「酒」だったね。「ルートコ断ち」なんてのもあったっけ。

「こちら補助《スペア》キーです。これ等が車検類です。名変も済んでおります」

「判子は？」「ウチにも渡辺がおりますので」

って何が何だか判らぬうちに、キレイにワックスで磨かれたミニがガレージから出て来た。私の狐につままれた顔に、営業マンは面白がっているように話を引きずった。

「コバちゃんがVANに行って、石津さんに話したらしいですよ！」

「えっ？」

「石津社長がおみえになって、私が払っておくと申されて」

「………」

二人で暮らし始めた最初、私達は石津家に出掛けた。諸事もろもろを話すと、昌子夫人が一言、

「なべが決めれば瑠美子は今日から家の人間も同然よ」

「君達を石津家は夫婦と認めるわよ」

そうフォローしてくれたのは寿美子おばちゃんで、石津社長の妹だった。

「よーし！　我が家はそう決めたから、瑠美ちゃんも安心して家に来なさい」

石津家当主の音頭で、好き勝手なカップが上がった。親友石津啓介、兄の祥介、祐介とともに、私はコーヒーで乾杯をした。禁を破った。

苦いけど、美味かった。


アパートは六階建てで、飯田橋駅のホーム中央辺りに隣接していた。下が広い空き地の駐車場だった。私達の角部屋は、駅側は全面が壁だったが、奥の部屋には横長の窓が付いていて、部屋の掃き出し口だった。

私と瑠美子は、そこに腹ばいになって首を出し、下を見つめた。

いた居た、居るのです。

街路灯に照らされて、小さなミニが、静かに正座していた。

私達が手に入れた私達の最初の車です。

いつまで見ていたでしょうか、永遠の刻《とき》を、小さな窓から顔を出してながめていた気がしました。


彼女を乗せ石津家に礼を言いに行った。

「返せる時でいいからね」

と、おいちゃんは言った。

この頃、ミニに乗ってる芸能人は居なかった。自慢にゃならないが、芸能界で「ミニ」に飛びついた一番は私達になるのです。

「良いねえ！」高倉健さんが誉めて下さった。これも誇りです。


さて、車は手に入ったが、だから困った。もう乗ってしまったからと乗せるのを終《しま》いにするわけにはいかないからだ。乗ってしまった船だから行き着くまで行くしかなかった。

今までの行き掛かり上「もう三十万いいや！」なんて言ったら、奴は気を悪くするどころか病気になってしまうだろう、と、確信した。従って、そしらぬ顔でヨイショを続けるしかなかった。今更、三十万貸してもらう必要はなかったが、他から入手したなんて情の無い話を、谷の啓ちゃんに言えた義理じゃなかった。

ましてや、食うや食わずの付人時代を、啓坊ちゃん（時々こうも呼んでいた）の奢り一本で凌いできた身には、ヨイショは恩返しの一環でもあった。

三十万のお世辞は、気の遠くなる程遠い道だった。終わりのない遠方までの御上手街道だ。

ただ、少し気軽だったのは、私がどんどん売れてゆき、クレージーキャッツと一緒の仕事が『シャボン玉ホリデー』だけだった事だ。

この録画撮りは、奴《むこう》もめ一《いっ》ぱい待ち望んでいたから、顔を合わせるやいなや戦いはスタートしなければならなかった。

谷先生は、三十万円を貸さないよとは一言も云わなかったから、

「いやあ谷先生！」

「あっ、大《だい》は付かないのかな？」

「あれ？　聞こえませんでした大先生？」

「え？　言ってたかな？」

「勿論ですとも。先生だけなら森繁久彌、辰巳柳太郎、岸信介、佐藤栄作、ゴマンとおりますが、大と付く先生は、この日本天下広しといえど谷啓大先生お一人でございますから！」

「うん、御意《ぎょい》、御意！」

「御意」とは、目上の人に対しての返答、相槌なのだが、むこうが気持ち良くなってるのを、悪

くする法はない。黙した。

「しかし何ですなあ、こうあーたみたいに金が入って来ると、隣に土地を買いたして、敷地をどかーんと広げたりしなくちゃいけませんなあ、ねっお大尽！」

「えっ？　和っぺに聞いた？」驚く。

あんまり真顔で言うので、こっちが驚いた。なんと隣地の住人が引っ越して、そこを買わないかとの話が持ち上がっていたのだ。

「買わなくちゃ！　諺にもあるじゃないですか、『隣の土地は騙《だま》しても買え』って。他人《ひと》に買われる前に買っちゃいましょうよ！　ねっ大先生！」

これが功を奏したかは別として、昇り龍だった谷さんは隣接地を買いとった。

何百人渡辺プロ所属のタレントが居たかしれないが、谷さん以上の土地を有する者は居なかった。

一月から始まった三十万円のヨイショは、四月には石津社長の英断で終止符が打たれたはずが、延々と続けられていた。

東京オリンピックが始まった。

「凄いもんですね谷さん！　世界各国からこうやって、谷さん頑張れ、三十万貸してやってくれ！　って集まってくるんですからね！」

「あれは参加する事に意義があるんだろ？」

「いや、オリンピックは、貸す事に意味があるんです。五輪旗は五大陸を表しております。つまりユーラシア大陸、これはアジア、ヨーロッパです。そしてアフリカ大陸、オーストラリア大陸、南アメリカ大陸、北アメリカ大陸の五つです。しかし地球は六大大陸で、これに南極大陸が加わります。さて、五かける六は？」

「うん？」

「五かける六は幾つ？」

「五×六は三十」

「そう、三十万貸せってえ大会です！」

やらざるをえない時を重ねておりました。


昭和三十九（一九六四）年、最後の『シャボン』の暮れの収録日でした。リハーサルが終わって、本番前の小休止となりました。

「ベーナ！」

と呼んでいたのでしょうが聞こえずに、布施明と話しておりました。

「スイーッ！」

おっと後ろを見ると啓坊ちゃんが近づいて来ました。

「ベーナ、あそこの、列車のコント、あれちがうんじゃないの?」

「えっ、列車の?」

「ああ、セリフきちんとおぼえろや!」

気色ばんで言うもんだから、布施明やフォーメイツの渚《なぎさ》一郎あたりがびっくりして見守っていた。私は正直、谷さんの指摘がピンと来ず、そのコントのページを開いた。

間違った文言を言ってはいなかった。

「どこが悪いんですか?」真顔になってたかな。

「駄目だって言ってるのが判んねえのか!」

谷さんが真顔で激昂することなんかなかったから、犬塚弘さんも植木等さんまでも目玉で見守るだけだった。

私も少々狼狽《うろた》えて、再度ページをめくった。

「えーい! この台本見てみろっての!」

と、自分の台本を突き出した。

列車のコントのページをめくると、そこには、三十万の金が挟まっているじゃありませんか。

三十万……三十万ですよ……。

本番前だけど、私は膝を崩して泣いちゃった。

頭の上から野郎の声が降って来た。

「ヨーシ、期限はキッチリ来年の大晦日、除夜の鐘がゴーンゴーンゴーンと三つ鳴ったら、ガラガラ、ゴメン下さいお返しにと。判ったな！」

次の年の大晦日、そっくりそのまま貯金してあった金を持って女房と二人、谷啓宅の前にミニを停めて、携帯ラジオを聴いていた。

ゴーン、ゴーン、ゴーンで、
ガラガラではなくガチャリとドアを開けた。

「ごめん下さい。借金返上に参りました」

奥から声がきこえた。

「ヨーシ、上がって年越しそばを食え！」


——谷啓さんに合掌——

瓢箪から駒物語

ある日、渡辺プロの社長室にて。

「社長、『なべおさみ』で幾ら貸してくれますか？」と、私は切り出した。実に唐突な質問だった。自分でも予定も心得も無い瞬間の思い付きだった。だから、言った私の方が驚いてしまったくらいだ。

「二五〇〇万！」

社長の声に高ぶりは無かった。

「二五〇〇万！」

私の方に心の準備が無かっただけ動揺は大きかった。自分でも予期などしていなかったから、咄嗟《とっさ》の反応が出来ずに戸惑った。

二五〇〇万の値打ちが、価値あるものか安っぽいものかの判断がしかねた。

余りに社長が、即答してきたので、こっちが動揺してしまったのが事実だ。

で、私は社長のデスクの前で棒立ちのまま、両手で顔を覆った。

視界を無くし、思考の世界に埋没しながら、何気なく起きてしまった状況の把握に努めた。はてさて、二五〇〇万が今の自分に見合うものかどうか、それより何より、何でそんな問答を仕掛けたのか……。

驚いた事に、顔を塞いだ両手の間から、どっと涙が吹き出てきたのだ。

「おい！」

ぐちゃぐちゃの顔をあらわにすると、目の前に社長がハンカチを出していた。

「少し芝居掛かっているな」と、私の内心は思ったのだが、もう一人の自分が私に声を掛けて来た。

「社長は、そういうのが好きなんだよ」

かもしれないと私は思ったものだから、心がぐっと和んだものだから、どっとどっと涙が飛んで現れた。

少し甘い香水の香りのするハンカチで、私は思いきり鼻水を擤《か》んだ。

「何だ何だ？　少ないってか？」

明らかに機嫌の良い社長の声がしていた。

「？　……？」

私は泣きながら首を傾げた。

私は、自分の現在の事務所内での存在価値みたいなものを、金銭で例えたなら、

「なんぼのもん？」

と問うたのだ。

それが二五〇〇万と返って来たものだから、社長の打てば響く感性に身震いするほど、こっちが打たれたのだ。

自分でも判別しかねる感情の起伏が押し掛けて来て、それが涙と為ったのだ。

これも対応しかねる突然の反応だった。

泣いてる私と、万年筆を片手にした社長が、陽光の温もりの中にいた。

沈黙の時が流れた。

何故か私は、羊水の中に漂うとはこんな気分なんだろうかなと考えていた。

実に充たされた気持ちだった。

又、どっと涙が噴いた。

それを社長の机の上のティッシュで拭いた。

「判ったぞ！　お前の事だ。土地でも買っといて値上がりを待ちながら利殖でもと考えているんだろ？　あーん！」

止まらない涙が、一瞬でストップした気がした。語るに落ちるとはこの事か、私は社長の見えない部分が見えたように思えた。

「社長がそうしろと言ってるんだ！」

そうに違いない。

これは天の啓示を社長の体を通して知らしめた事に為ると理解した。

「土地でも買って値が上がったら売れれば、それだけ広い土地が買えるって事？」

自分の大判のハンカチで、涙と鼻を拭いながら、頭はくるくると回転していた。

社長のハンカチを自分のポッケに押し込んだのは、洗って返す為だ。

「アイロンは掛けなくちゃな」

「買った土地が上がって売ったら、次に買う土地も値が上がってるんじゃないかな」

「社長は利殖の為に土地を買ってるんだ」

「役者が土地で儲けてどうする！」

ぼうーっとした思考の中で、私を引き戻す、強い頼りがいのある声が聞こえた。

「ほら！　持ってけ！」

社長の顔が笑っていた。

今まさにビリビリと切り取る最中だった。

これでどうだと言うように、社長の顔が自信に満ちていた。

「ほら！」

小切手だった。

私なんかには無縁の代物だった。

私の顔の高さにまで上がって来て、私はそれを手にして、目にして戸惑った。

その心の動きを見透かす社長の声が届いた。

「いいから持ってけ！」

小切手には５０，０００，０００円と書かれていた。

「えーっ？」

これは私の正直な心なのだ。

私は金など借りに事務所に寄ったのではないのだ。ただの御機嫌伺いなのだ。

まったく、人生とはこんなものなのだ。

ひょんといえば、こんなにひょんな事はない。まったく、まったく。


借りなくても良い金を手にして、私は正直、途方にくれた。車で走り出したものの、行く宛《あて》もなく、有楽町から下北沢の我が家たる借家に向かった。

事務所を出る前に、社長が言った。

「どうやって返すんだ？」

恐らく社長は、私の返事を、こう読んだはずだ。

「社長、値が上がったら売って、儲けが出たら色を付けてそっくり返しますよ。二、三年、待ってて下さい！」

ところが私は即答したのだ。

「月、六〇万ずつ返します。月給から引いて下さい！」

「おいおい、馬鹿言うなよ。それじゃ暮らせないだろ！」

私はそれに答えず、指で丸を作って見せて、帰って来たのだ。

「さて、これをどうしよう！」

考えたのと浮かんだのが同時だった。

「五反田《ごたんだ》へ行こう」

そこには、東京で四番目に大きな金貸しのおじちゃんが頭に映ったのだ。

おじちゃんは女房の母親の知り合いで、私達家族に良くしてくれる味方だった。

職業柄、色々言う人もいたが、私には嫌な思い一つ無かったから味方といえた。

車が目黒を通る頃には小切手の有効な使い方を決めていた。

差し出した小切手を見て、おじちゃんは目を剥《む》いた。

「何だこれ！」

「おじちゃん、これで、僕等が一生住める家を見つけてよ」

「ふーん！」

ギロリと目が光った。

家へ着くと女房が飛んで出て来た。

「どうしたの？」

「どうしたって、どうしたの？」

おじちゃんから女房の瑠美子に電話があったそうだ。その第一声は、

「あいつは馬鹿だなあ瑠美子！」

だったそうだ。

「俺んとこは、金を借りに来る所だよ。五〇〇〇万もの金を置いて、受け取りも持たないで帰っちゃう奴はいないぞ！」

そして、

「あーあ嫌んなっちゃう！　世の中にはこんな馬鹿も居るんだな。よーし、お前達が一生、俺の事を忘れない家を探してやる！」

後日、おじちゃんの持つ家を見に来いと言われて、目黒に出掛けた。

立派な日本家屋だった。

「近所にゃ、フランク永井とか白川由美とか居るぞ！」

おじちゃんが昂奮気味に言った。

広い庭は、びっしりと池だった。そこには、錦鯉が群れていて、庭の隅の築山から滝が流れ落ちていた。

二階の大広間の雨戸を戸袋に閉じながら、おじちゃんが言った。

「おさみちゃん、三五〇〇万で押さえた物件だから、そっくりそのままの値段で売ってやろう。鯉だって付いてるぞ！」

女房が袖を引いた。

「駄目！　こんな家に住んだら、人生がおしまいよ。この家は、もっと出来上がった人が住むべきでしょう。私達は発展途上なんだから、もっと可愛げのある家に住まなくちゃ！」

声が聞こえたのかおじちゃんが女房に言った。「瑠美子、買って住んどけば直ぐ値が上がるぞ。倍になって売ったら、借金まで返せて、又、家買えるぞ！　どっち道、損は無いぞ！」

「おじちゃん、この庭じゃ子供のブランコも置けやしないでしょ！」

と、女房は踵を返した。

おじちゃんと私は、後に従った。


半年後、この家が七五〇〇万で売れたと知らされた。この時の女房の言葉、

「私達は〝不動産〟さんじゃないんだから。仕事で稼ぎましょ！」

私が六〇万返すと言ったから、その月からきっちり引かれた。

私の月給は八〇万円だったから、源泉を引かれて手取り七二万円だった。そこから六〇万を引

かれると、女房の手元には一二万円が残った。当時、大卒の銀行員の初任給が五万二〇〇〇円だったから、私の稼ぎは立派なものだった。でも、年収の五倍以上の金を借りてしまったのだから、返済も大変だ。

立派な根性をみせたのは女房で、愚痴ひとつ出さなかった。実際は、残った一二万円で生活したわけでは無い。ここから借家代の一〇万円が消えるのだ。これって、残りは二万円なのだ。これじゃ幾ら耐乏生活でもやってられはしない。……という事を、社長という人は、とっくに気が付いているのだ。気が付くと、直ぐに対策を講ずる。

つまり、助け舟という奴だ。

「うちのタレントの作文は、全て、ゴーストライターや記者に書かせないで、本人名でやらしてくれ。それを、なべに宛《あて》がうように」

新聞のラテ（ラジオ・テレビ）欄で、タレントが書くページなどがあった。

それがうちのタレントの場合、全てが私に、御鉢が回って来た。

いやぁ、これは有り難い厚遇だった。

なによりも、そのタレントの格で支払われる原稿料が、手つかずで私の手に渡されたから、これは大きかった。

私は手記を書くタレントに会い、束の間の時間インタビューして、直ぐに書き上げては、プロダクションに届けた。男は男なりに、女は女なりに文章を仕上げなくてはならないが、私の書いた物で、本人からのクレームは一度として無かった。むしろタレントから、秘かに感謝されたが、公には本人が書いた事に為っていたから、これはあくまで秘やかに感謝された。誰も、そんな自分の文章でギャラが発生している等とは思っていなかったから、私も至極さりげなく受けて流して、気付かれないようにしていた。事務所のマネイジャー達にも、社長から一本釘が刺されていたようで、この代筆は口の端《は》にのぼる事もなかった。

しかし、原稿料は着実に私の手に入った。

これを女房が、どれほどありがたがったかしれやしない。加えて、社長の援護はまだあった。何とか食えるようにしてやろうとする気配を、私はビシビシ感じた。

私の契約書には、特例としての条件が一つ付いていた。それがCM料は五〇パーセントの支払いを受けられるという処遇だった。

コマーシャルは存外な値段が頂けた。これが馬鹿にならない収入なのだ。

「役者は役者として稼げ。宣伝なんかやって金を稼ぐなんて邪道だ！」

正面切ってそう断言していた役者は、私の知る限り、森繁久彌さん只一人だ。

恥ずかしながら私は、CMの収入の方が高くて月給を上まわってしまったぐらいだった。これで食えた。

さて、五〇〇〇万を預けて、おじちゃん任せも済まないかなと、知り合いの不動産屋に声を掛けて、私は売り家探しに本腰を入れた。

「熱し易く冷め易い」典型的な人間だったから、熱いうちの私の家探しは半端じゃ無かった。

条件は、女房の母親を共に生活させるに足る間取りだった。

戦争未亡人だった義母には、女房の他にその兄が一人居た。例の馬だ。馬は、お袋を独り住まいさせていた。

女房の心情を察すれば、同居は当然といえた。だから、マンションは頭に無かった。

「狭くても一軒家」だ。

それに加えて、女房の言った「可愛げのある家」が頭にあった。

幾ら見ても探しても、「帯に短し襷《たすき》に長し」で、なかなか……。

これはと思う物件があって、女房を連れて行ってみると、実に陽当たりの悪い家だったりした。それで、夜の案内は断った。

家は天気の良い日に見るべきだ。それも日中でなくてはならない。

半年の間に百軒ほどは見たろうか。

それでも私の頭の中には、自分で家を持とう等という気持ちは本気じゃなかった。

何故か流れの中に身をまかせているだけでしかなかった。それでは不動産屋さんにも女房にも悪いから、真剣さを演じていたのかもしれない。幸いな事に、「うわぁ！」という気になれる家などには、とんとお目に掛かれなかった。

「なら、私の持ち家、見せてあげようか?」

と、連続ドラマで御一緒していた女優の高峰三枝子さんがおっしゃった。

私は高峰さんの息子役を演じていた。

「息子の為なら、エーンヤコーラーよ!」

と笑った。

「おっ母ちゃんの為なら、エーンヤコラ!」は、労働者達の合い言葉みたいなもので、大女優のユーモアだった。

女房と共に、大田区馬込《まごめ》の空き家を見に行った。敷地は広かった。

家は小振りで、しっかりした二階建てだったが、義母を迎えて住むには少し難があった。

「そんなもの幾らでも、建て増しするのよ。建て直したっていいじゃない」

高峰さんは、私達に熱弁を振るった。

この家が如何に縁起の良い家かを強調した。戦後、この家に住んだ時から、私の女優生活は登り調子に為ったのだから、あなたも、ここに住んだら役者として大成するわよというのだ。私の持つ社長の小切手と、高峰さんの言う値段が一致していた。

知り合いの業者に聞いたらとんでもなく安かった。特別、私の為に示した金額なのだった。彼女は田園調布に豪邸を構えていて、何不自由なく暮らしている芸能界の成功者だから、別段、持ち家を売る理由とて無かった。

「私は此処に住んで大成させてもらったのよ。何時でもこの窓から、富士山にお願いしてたの。病気の時も、仕事に恵まれない時も。そしたら、ぐんぐん良く為っていったのよ」

二階の和室から、富士が望めた。

この地は、南面が切れ込んでいて、高台になっていたから、天気の様子で遠景が見渡せるのだ。

「買っときなさいって！　私、売る気に為ったのは貴方達だけよ」

結局、この時も女房の一言だった。

「狭いのは家だけでは無いわ」

道路から自分の家に入る道幅が、極端に狭かった。車が、やっと通れるだけのものを、女房は恐れた。私の乗っていたオールズモービル・４４２が、カスカス通れるだけしかない。門から内が、広々としたスペースが展開するだけに、こするのを気にするような毎日の生活は、直きにおっくうになると喝破したのだ。

「上手にお断りしてね」

そうした。

天下の高峰三枝子さんの好意に、色良い返事を出さなかったのだから、その分、充分満足する家を探さなければならず、これはプレッシャーとして私に伸《の》し掛かった。

しかし、人生とは「出会い」なんですね。

為ろうとして為らず、為るように為るのが人生なんですね。

本当にひょんな事でした。

一ヵ月一〇万円の家賃で借りていた家が、一年を過ぎようとする頃、大家さんのおばさんから、「五〇パーセント、アップしますよ」と宣言された。この話を女房から聞かされて、隣に住む大家に飛んで行った。

「一年住んだら五〇パーセントの値上げって無いでしょう！」

私が抗議をすると、外国人の血が混じった大家さんは、はるかに小さい私を見下ろして頭上から声を降り下ろした。

「嫌なら、出て行きなさい」

「一五万払うんなら、ローンで家が買えますよ！」

「じゃ買えばいいじゃない！」

よーし、と、私の心に火が付いた。それまで、頭の半分には、家なんぞ買いたいなんて思わないものがあって、正直、家探しも行き掛かり上、仕方なく動き回っている部分があった。引くに引けず、家にも仕事場にも現れる不動産屋さんと立ち回っていたのだった。

それが、決定的に火が付いた。

尻に火が付くとはこの事か、いまの借家の契約切れまでに探さなければ、五〇〇〇万円の返済にも火が付く。月に五万も値上げされたら生活だって成り立たない。

この頃、私は砧《きぬた》の東宝撮影所での映画の仕事が多かった。いつも、下北沢駅近くの借家から、裏道を選んで車を走らせていた。毎日、住宅街の小道を、住民だけが知る空《す》いた道の知識で通うのだ。ある日、早番に撮影が終わった。

川の護岸の為に植えられた桜並木の川沿いの道を、ゆったりと走っていた。その道は何時も往き来する道ではなかった。景色が変わって見えて、心が浮き浮きとしたから不思議だ。何か良い事が起きそうな、そんな気分だった。

「あれ、こんな可愛い家なんかがあったんだ」と、思わず、その家の前で停めた。

青い屋根と白い壁のコントラストが際立っていた。軀体そのものは、太い角型の集積材で出来上がっていて、さながらスペインかイタリアで見る風情の家だった。さほど広くはない道路は丘が切れ込んで出来ていて端は深く落ち込んだ川だったが。駐車場や玄関が道路と平行していたが、家そのものは高台にあった。

車は無く、そのスペースにはロッカー等が置かれて雑然としていた。

そこに小柄な中年紳士が黙々と整理をしていた。私はウインドウを開け、なんとなくそれを見ていた。これも、実になんとはなしに見ていたのだ。紳士はロッカーから書類などを出しながら、「ふーっ」と深く重く息を吐いた。それが私にはとてつもなく大きな溜息に受けとれた。何ともやりきれなく辛そうな気持ちが察せられて、思わず声を掛けてしまった。

これなんかも、今考えても天の差配としか思えないのですが、とにかく、

「どうかなさったんですか？」

と言ってしまったのです。

「うん？」

我に返ったように、私に気が付くと、その私が誰かを納得した顔をして近付いてこられたのです。

「ああ、あなたは……」


私が天の差配と言ったのはこの事です。

たった三分、車を停めていただけで、この家を買う話が出来てしまったのですから。


日本に吹き荒れた第一次オイルショックは一九七三年の第四次中東戦争のあおりだった。

アラブ産油国がアメリカやオランダなどの、イスラエル支持に対抗して、原油の減産や値上げを行い、世界経済に大きな影響を及ぼしたのだ。世界中の文明文化が、石油をエネルギー源としている事から起こった、どうにもならない危機だった。石油関係業者だけでなく、潰れる企業が続出したが、庶民生活の上でもトイレットペーパーが高騰し、市場から消える騒ぎになったりし

た記憶があろうか。

紳士の会社も押し流されたものだった。

「他人の手に渡ってしまうんだが、あなた、家が欲しいのかな？　だったら売るよ。私があなたにしか判子押さないって言ったら、それでオーケーなんだから……」

改めて、車を降りて家を見上げた。

可愛げがあった。

簡単な売り値の話しかしなかったが、おじちゃんにあずけた小切手で、充分余りあった。

天は、時々こうした巡り合わせを私に与えてくれ、人生に節目を付けてくれる。

こうして私は世田谷に家を得たのです。

「社長、私で幾ら貸してくれますか？」

「瓢簞から家が出た」お話。イエ、イエ、本当の話。

勝新太郎　余話

「俺はゴルフなんてやらないよ。玉を打つなんて出来るわけない。たまを打つなんてね！」

これは勝さんの、ある時期気に入っていたジョークだった。洒落を説明するのもおかしいが、勝新太郎の妻が、中村玉緒だと知る者にだけ通じるギャグだった。

「玉を打つ、玉を打つ、玉緒打つ、玉緒ぶっとばすなんて、しませんよ！」

長い事そう言っていたが、結局、玉を打つプレーに熱中して、チョコレートを分捕っては
「勝つ！　新太郎！」

なんて悦に入っていた。


ある時、兄の若山富三郎さんと父親の長唄師匠、杵屋《きねや》勝東治《かつとうじ》さんとアメリカ旅行に出かけた。

母上も一緒だったと聞いた。

そして初めて外国で汽車に乗った。

外国旅行も経験に乏しい時だったから、少し先を行っていた若山さんが全てを仕切っていた。

売れ方も役者として勝さんをリードしている頃だったから、そうするのも自然だったのだ。そし

て何より、兄だった。

　勝さんは若山さんを「お兄ちゃん」と呼んだ。私が勝邸に入って住み込み付人となった昭和三十五（一九六〇）年で、そう呼んでいたのだから、映画界に入る前から、家庭内でもそういって育ったのだろう。若山さんは勝さんを「利夫《としお》！」と本名で呼んでいた。これも同じだと思う。この二人の人間関係は上下がぴしっと決まっていて、兄が絶対でありました。

　しかしこの上に最大権力者が存在していて、この人には二人がどれほど有名になり、大物になっていこうとも敵いません。

　それが「お父ちゃん」でした。

　お父ちゃんは絶対の上の絶大で、二人の仁王様の如き特異能力役者でも、お父ちゃんの前では矜羯羅《こんがら》童子・制吒迦《せいたか》童子のようになってしまう。さながらお父ちゃんが、童子を従えて立つ不動明王に見えて来るから不思議だった。仁王は、御存じのように阿《あ》仁王と吽《うん》仁王の兄弟で、怒ると合体して、宇宙で一番硬い物質の金剛に変化して金剛力士となる。

　その二人が「お父ちゃん」の前では不動明王に仕える童子に見えてくる。

　このアメリカ旅行も、兄弟が映画界で一人前になった証拠をみせる為に、両親にプレゼントしたものでした。

　四人はアメリカ横断鉄道の食堂車に居ました。テーブルに着くと若山さんが言いました。

「利夫！　気が付いたら、お兄ちゃんばかりが払っていないかい？　ここはひとつ、割り勘でいかないか?」

「いいですよ! そうしましょ!」

「でもな、お前、英語でワリカンってどう言うんだ?」

「……?」

この頃、勝新太郎は、純国産品で、英語がこの上なく苦手な一人でした。

「お兄ちゃん、その点は大丈夫! 万国共通語ってぇのはジェスチャーだって!」

黒人のボーイが来ました。

演技に目覚めて、目覚ましい演技者に為りつつあった勝新太郎の腕の見せ場です。

「いいかい、コーヒー四つだぜ! さて、いいかい、料金だ。マネーね。それは、ここはここ! ここはここ!」

と、身ぶり手ぶりで示しましたとさ。

お父ちゃんのテーブルを両手で示し、

「ここはココ!」

お兄ちゃんのテーブル部分を両手で区切って、

「ここはココ!」

自分の分は、

「ここはココ!」

お母ちゃんの、

「ここはココ！」

大きな目を相手に剝いて、

「オッケー？」

相手の目はもっと大《で》かかった。

その目がウィンクした。

「ＯＫ！」

そして退った。

「ねっ！」

勝さんは一同を見回した。

「フーン！」

若山さんが感心した。「やるもんだな」と思ったのだろう。

「なる程なぁ！」と勝東治さんは息子の成長に目を細めた。お母ちゃんにはお父ちゃんの喜びが手に取るように判り、やっとドル紙幣を使える喜びが嬉しかった。


しばらくして、一同の目の前に、四杯のココアが置かれて、ボーイが退った。

「ここあココ」物語だ。

この旅では、ラスベガスにも行っている。

「あそこにゃ、いい女がゴマンと居るんだよ。あっ！」

勝さんは何か気が付いたのだ。

さかんに指を折っている。頭で思案している。首を傾げ目を瞑《つむ》り、そして指を……。

「そうか、それであの女五万だったんだ！」

一ドル三百六十円の時代だ。

何ドル払ったのだろう。とにかくゴマンだ。計算に弱い私は指を折っても判らないが……。

一人で納得して話は移った。

「この女が、やたらに噛む女でね！　乳首を噛まれた時にゃ参ったね！」

そして一人でほくそ笑んだ。

「だからおれ、英語でやめろって言ってやったんだよ！」

こんな時、ぼやっと聞いていてはならない。漫才の相方よろしく突っ込まないと。

「何ておっしゃったんで？」

「うん！」

と、返す言葉は「お前判ってんなぁ！」だ。

「ノー！　ノーッ！　ノーチュウインガム！」

これでピタリと止まったよと、勝さんは満足そうに笑った。

聞いてる青山良彦も酒井修も私も、取り巻き役の務め笑いでなく本気で笑った。


お兄ちゃんも変わっているといえば変わった人だった。乗っていたキャデラックを正月にお父ちゃんが見て言った。

「若山、いい車だなあ。お父ちゃんも乗りたいなあ！」

この時分は、正月元旦に東京プリンスホテルにファミリーが集合する決まりだった。レストランに揃ってお父ちゃんの音頭で新年の挨拶をして、新しい年を迎えていた。お父ちゃん夫妻に勝さん・玉緒さん、二人の姉弟の子供達に、若山さん。独り身だったから独りかというとそうでなくその時々の恋人が御一緒。そこにどういうわけか私などの家族も加えて下さっていた。

「おさみ、若山を呼んで来なさい」

先生（私はこう呼んでいた）の命令で、席に着いていない若山さんのルームへ。

「先生が呼んでおられます」

「うん、眠い！」

ベッドに戻って女の横にもぐり込む。

女が寝返る。

「ん！　……？」

スクリーンで観る若手有名女優だった。

「おやじさん、席に来て下さらないと、新年が迎えられません。お願いします」


若山さんが姿を見せるまで、お父ちゃんは微動だにせず座していた。

「新年おめでとう！」

奥村家の当主の声で、一同が、

「新年おめでとうございます」と和して、やっと料理に箸を向けたら、お雑煮の餅は、お父ちゃんより身を固くして微動だにしなかった。


「お早うございます！」

「あら、なべちゃん、京都？」

東京駅の新幹線ホームは始発が役者の定番で、良く知った顔に会う。

加賀まりこさんと声を交わしていたら、

「おい、お前達！」

野太い声がした。

「あっ、お早うございます」

ユニゾンで言って頭を下げた。

「よーし、先生が弁当を買ってやろう！」

強引に席に着かされて、一つはぐるりと回して四人掛けのように向きあった。

先生は糖尿病だったから、極く極く当たり前の弁当を旨としている。少々凝った上等な弁当は敵だった。ロケで食べ慣れたような弁当が付人から手渡された。

役者は食事が早い。お寺の境内だろうが、川辺の石垣だろうが、ひょいと腰をおろしたらさっと済ます。「早めし早○そ芸の内」とまで言われている世界だ。

先生が、一つ一つの惣菜を、食べて良いのか我慢した方が良いのかを考えて、思案六方している間に平らげた。新横浜にも着かないうちにだ。

「まりこ！」

「はい」

「先生は、何時もまりこはどうしているかなと考えているんだよ」

「ありがとうございますお兄ちゃん！」

「…………」

箸を持つ手が止まって、私を見た。

「おさみ！」

「はい！」

「先生は何時だってお前の事を考えている」

「ありがとうございます、おやじさん！」

「…………」

先生が弁当に目を落とした瞬間、まりこが私の目を見た。まりこは先生の隣に座らされ、私と面対していた。その目が語っていた。加賀まりこは小柄だが肝っ魂の大きさったらない。大きく太い。太いの頭にズが付く。付かず離れず、若い時から見て来ている。先生同様こちらも、まりこはどうしているかなって考えたりしてしまう。

「まりこ！」

「はい、お兄ちゃん！」

「……先生はね……」

「はい、お兄ちゃん！」

「……なべ！」

「はい、おやじさん！」

「…………」

先生も静岡あたりで弁当を終えたが、箸が菜の物を代える度に、

「先生はね！」

「はいお兄ちゃん？」

「…………」

「先生はね……」

「はいおやじさん？」

「…………」

が続いた。

食事の後は、一眠りに入るかと思ったが、どっこいそうは簡単に前線離脱は無かった。コーヒーだ。

「先生が奢《おご》ろう！」

「ありがとうお兄ちゃん！」

「ありがとうございます。おやじさん！」

「先生はストレートだよ！」

「お兄ちゃん、糖尿だから」

「具合はいかがです。おやじさん！」

「先生か？　先生は元気だよ。先生は気をつけているからね」

「お兄ちゃん大事にして下さいね」

「おやじさん、本当ですよ！」

「先生を心配してくれるのかい？」

「当たり前でしょお兄ちゃん！」

「先生はね……」

「何？　お兄ちゃん？」


「のぞみ」の無い頃の大阪までの時間は二時間四十五分、若山富三郎対加賀まりこ・なべ連合軍の、「先生と言わせるぞ作戦」「言わないぞ」の戦いは休みなく続いた。

何も言わなくとも、まりこの魂胆は以心伝心だった。まりこも私も、大先輩との決戦を充分楽しんだ。だが、後で気が付いたが、一番この遊びを楽しんだのは、若山富三郎先生ではなかったろうか。

京都駅タクシー乗り場で、先生はニコニコしながら言った。

「先生はこのタクシーで行くから、お前達はあそこのタクシーで行きなさい」

「先生！　出ますよ！」

若い付人の女の子が助手席で呼んでいた。

先生の車が出て、まりこと私は先生の指さし示した場所を見た。

そこは「小型タクシー乗り場」だった。

そうそう、忘れていた。

お父ちゃんが、

「若山、いいなぁ、お父ちゃんもこんな車に乗りたいなぁ」

キャデラックは買ったばかりだった。

この話しようと思って横道へ外れたんだったね。そう、若山富三郎さんの型破りさを。

お父ちゃんが言うや、若山さんは電話を取り、ディーラーのヤナセに電話したそうだ。

「三十分で届けに来たら、新車一台買うよ」

元旦だろうが何だろうが、営業マンは一年中臨戦態勢だ。東京プリンスは近い。

新車のフリートウッドが巨体を現して、正面玄関に停まった。

「よし、買った！」

お父ちゃんの満悦そうな顔が、若山さんの正月気分を高揚させて、みんな明るい正月になった。

一人、暗い気分で正月を味わった者がいた。

「これに付けとけ！」

と、ルームキーを手渡された営業マンその人だった。

若山さんにしてみれば、ホテル内の全ての支払いはルームキーで用が足りていたのだから、何の変哲も感じなかった。

正月早々、親孝行が出来て幸せだったのだ。

そんな感じで、ずーっと生き通した昭和のハレ人間、勝新太郎、若山富三郎兄弟に、今さらながら惚れ惚れと、拍手を送ります。

――ここも　合掌、二度――

トラック野郎と八代亜紀

「一寸、御相談してもいいですか?」

最近売り出して来た女性演歌歌手が、私の控え室に訪ねて来た。

大阪で収録していた人気番組の公開放送の時だった。私はこの番組で司会をしていた。

「どうしたの?」

「私、いじわるされて困っているんです」

ピンと来た。

新人歌手が意地悪されるといえば、しているのは先輩歌手に決まっている。それも余り年齢差のない同性歌手だ。しかも、その歌手は売れっ子に違いない。ベテラン歌手は姑息なまねはしない。あるとすれば説教で、説教はどの道にもある通らねばならない宿場みたいなものなのだ。その宿場を一泊ではなく長逗留《とうりゅう》ともなれば、相手は説教魔という事になる。

えてして歌手道にも役者道にも裏方道にも、必ず存在していて、一度は経験しているはずだ。

しかし、やっと売れかかった新人歌手の受けている苛めは、聞いていて腹がたって来た。ラジオの公開録音で地方に行ったそうだ。朝から公会堂でリハーサルが続き、早目の昼食後に本番ですと知らされた。

狭い控え室に何人もの女性歌手が詰め込まされていたので、与えられた折詰弁当を持って、マネイジャーと一緒にロビーに行って食べたそうです。戻って、直《じ》きに録音本番参りましょうと為りました。客が席に着きブザーが鳴ってスタートです。化粧も直し、いざ出番となる順番が来て、ステージ用のヒールを履こうとしたら、無い。きちんと揃えて置いたはずが無い。白のエナメルのヒールが見あたらない。さあ大変、白のドレスだ。

「八代さーん！」

お呼びが掛かった。スタンバイだ。

もう、どうにもならない。

自前の靴で出るしかない。

裸足よりは良いだろうと思った。

白いドレスで黒のパンプス。

出の前の緊張は、新人なら誰しもある。

アクシデントとは、「不慮の出来事。事故。災難。奇禍《きか》」とある。それが出の前に起これば、受けた者は更なる気持ちの変化を及ぼされてしまう。

動揺だ。この場合は動転だろう。

気持ちがゆらいで、歌に集中出来なくなってしまう。余程の者でも、出の前の気持ちの落ち着かない時に、神経が散らされるような言葉を投げかけられたり、不測の事態に見舞われたりしたら、平静では居られまい。

『エルヴィス・オン・ステージ』のＤＶＤを観てほしい。エルヴィス・プレスリーが、あのプレスリーが、ラスベガスのホテルのディナーショウのステージへの出の時のナーバスな表情や言動を。あのエキセントリックな姿を見れば、出の瞬間の重圧が理解してもらえるはずだ。最高のサンプルとして、私は何時でもこの作品を貴重な参考書としています。

しかし、この娘は美事だった。

娘の名は八代亜紀と言った。

その動揺をものともせず、度重なる意地悪に屈せずステージをこなして来ていたのだ。

何故、八代さんが私に相談を持ち掛けたのかは、今でも判らないが、私が答えた文言は今でもはっきり記憶している。

「亜紀ちゃん、亜紀ちゃんが何故そんな事をされるのか判る？」

彼女は大きな瞳にうっすら涙を浮かべ、首を横にふった。

「意地悪したくなるんだよ君は！」

もっと判らないと目が訴えていた。

「彼女もプロだろう？」

彼女とは亜紀ちゃんに悪さをしかける人間だった。その人の名をはっきり言ってやった。

「彼女は先輩で、はっきり言えば君より上等のスターだよ」

彼女は私を見たまま頷いた。

大ヒット曲を何曲も持つ、昭和四十年代終わり近いこの時、揺るぎない人気歌手だった。

八代亜紀は「なみだ恋」でぐんぐん売り出している最中だった。しかし新人なのだ。

「彼女は本物だからね、判るんだよ！」

瞳がいぶかしんだ。

「君が演歌歌手として、間違いなくスター街道を上って来るだろうなってね！」

瞳が止まった。

「だから、意地悪やいたずらは、される度に御墨付きをもらっていると思えば良いのさ。『また認めてもらっちゃった！』って、喜んでればいいんじゃない！」

瞳が納得し、そして喜び、みるみる涙を溜めた。「綺麗だな」と思った。

平成二十七（二〇一五）年七月十九日

茨城県大洗海岸大洗港に、全国のトラック野郎が六四〇台の愛車を集結させた。

御存じデコトラ（装飾トラック）の面々だ。

今回のビッグイベントは、菅原文太さんと愛川欽也さんを追悼するものだった。文太さんは、日本で最初に男性ファッションモデルとしてショウを行った石津謙介さんが可愛がっていたモデルです。

「なべ、この文ちゃんはモデルで終わる人間じゃないよ」

と、いつも言っていた。私は、何かにつけて石津社長の言うとおりの酒や食い物を文太さんのアパートに届けさせられたものでした。その時代を知っている芸能人は少ないので、文太さんは何かにつけて、

「ナベ、ナベ」

と、私を重用してくれたものでした。

映画『トラック野郎』をおぼえておられる人も多かろう。桃次郎とジョナサンの、言ってみれば「珍道中」物だ。

この企画はキンキンから文太さんに持ち込まれ、それを鈴木則文監督と澤井信一郎助監督が台本にして製作されていったと、この時参加した澤井監督から聞かされた。

私やせんだみつおがゲスト出演したイベントには、それぞれが趣向を凝らして創り上げた、実に美しいデコトラがやって来ていた。

『トラック野郎』は菅原文太さんが『仁義なき戦い』で東映一の大スターに名実共に登りつめたが、シリーズは一九七三年から七四年で終わり、その後の作品に煮詰まっていた時に生まれた作品だ。

この時代、日本のトラック輸送業は、高速道路の完備や各路線の道路整備や拡張が整い、列車

輸送から民間のトラック運送への転換が進み、拡充が進んでいた。

正式な輸送会社のトラック業を「ケ」の世界の業とするならば、ここにも「ハレ」の世界の運ちゃんが登場する。どの時代にもある、まっとうなトラック運転手と、そうでない運ちゃんの違いがここにある。

きちんと会社の社員として、運転手として帰属すれば、しっかりと月給がもらえるし身分も保証されます。あらゆる面で保証されるものは保証されます。が、一方で、こうした囲いの中で生きる事をヨシとしない人間もいるのです。定まりだらけの制約の中に身を置く事が、息苦しくて性に合わないとする人間がいるのです。やりたければ、通常の運行条件など無視して突っ走る運転手です。そのかわり、乗りたくないとなれば、気が向かない気を押し通し、てこでも動きません。

これでは、規約だらけのスケジュールで動いている企業の中では働けません。

「ハレ」の世界へ繰り込まれてしまうのです。

タクシー業界に個人タクシーがあるように、トラック業にもこれがあります。

これが俗に言う「トラック野郎」です。

己の個人トラックを持ち、これを駆使して業を為す族《やから》です。会社が与えてくれるトラックで、会社に「飼われる」事を嫌う人々でしょう。会ってみて判りますが、営業用のトラックを「営業車」と思っていない人々です。「愛車」と考えている人間達がトラック野郎です。太古の昔から縛られた中で働くのが、実に嫌だと言う人間が居るのです。人間、どこかで制約されて生きるのですが、それならそれでどこかに自由な自分の思いを残して生きて行きたいとの願望が強いのです。

せめて自分の車ぐらいは好きに仕上げて、自分だけの装いを与えたいと思って、好きな車を買って独創的なデコレーションを施して乗り出した者がいたのです。

それは水産業に従事する輸送業者だったと言われています。昭和四十五（一九七〇）年頃です。

大漁を祝い願う為の意味を込めて、荷台をデコレーションしたのです。ですから、ほとんどのトラックが「ナントカ丸」と言って、船の名前になっています。

今では高度成長の波にのって増加したデコトラ軍団は、アメリカの「コンボイ」（トラック、トレーラーの大集団）に負けじと、日本式の横の繋がりを組織し、多くさんの団体が出来上がっています。

私が驚いたのは、大洗のイベントには、『トラック野郎』の映画に協力し、自らも一〇作の映画全てに出演していた宮崎靖男さんの呼び掛けに六四〇台ものデコトラが集結していた事です。

何故このデコトラの話をしているかといえば八代亜紀さんと彼等は、切っても切れない絆で結ばれていたからなのです。

水産業の輸送の三輪トラックの錆止めから出発したリフォームから、大漁や漁の安全を祈願する文字や絵づけへと変化していくうちに、「なみだ恋」の大ヒットで売り出してゆく亜紀さんの情緒と、深夜長距離を走る孤独な境地の運転手の心情がピッタリと合致し、デコトラの後尾ドアいっぱいに彼女を画き上げたものが出現するに至りました。

昭和四十八（一九七三）年です。

〝トラック野郎の女神〟として絶大な支持を得たのです。

私はこの曲で、年の瀬に彼女が受けた第十五回日本レコード大賞歌唱賞の授賞式に、彼女や恩師の鈴木淳・悠木圭子さんに頼まれ、親がわりとして舞台上に立ったのです。

思い入れ深い八代亜紀が画かれたトラックの後を、一時間も東名高速を走った記憶がありま す。「八代観音」と呼ばれたこの画は、次々に全国に飛び火して、違う形で八代亜紀の全国区化を押し進めてくれたのです。

そしてこの車を見て、キンキンが映画化を勧めるのですから、あの方も只者《ただもの》ではありません。

昭和五十（一九七五）年。

「全国哥麿会《うたまろかい》」（デコトラの親睦会）宮崎靖男会長の号令一下、初めは五〇台のデコトラ連合も、映画への全面協力と共に、ヒットして行く映画に歩調を合わせて直ぐに三〇〇台を超えて行った。

私が八代観音を拝みつつ、東名を走った感慨は今も心にある。

私は京都や大阪へは、平気で車で出掛けたものだが、一台の車も抜かせる走りはしなかった。

後塵を拝するのを嫌ったからだ。

でも、前面最右列に入って来たトラックの後扉にデフォルメされた八代亜紀の姿を見た時、私は息をのんだ。慈悲に富んだ表情や眼差しに目を奪われたが、全体が浮き出ていて何とも妖艶だった。

「そうか！」

私はデコトラの後を走りながら気が付いた。

「この色気だ！」

このマシュマロのようなソフトな全体像が、私達に投げかけてくる波動には色があるのだ。ある時は乳白色であり、ある時は黄金色に輝いている。それが、見る者の心境状態によって千変万化するのだ。

心淋しく車を転がしている者には、桃色の波動を投げ掛けてくる。八代観音の声が届く。

「くよくよしなさんな！　私が付いてるよ！」

生まれて来る子を待つ者には、眩しいような五色の光が放射される。八代観音から、

「あなたの安全は、みんなの安全よ！」

途端に家で待つ家族の姿が心に浮かぶ。

「父ちゃん気を付けてね！」

突き出た腹の女房の声だ。

「ありがてぇ！」

踏んでたアクセルを弛《ゆる》めて、安全運転で御帰館だ。その心でもう決めていた。

八代亜紀のカセットが流れる。

「俺も正月休みに、八代観音で飾るぞ！」

全国的に、トラック野郎の八代ファンは激増し、彼女もぐんぐん伸《の》してゆき、その分、「八代観音」トラックが数を増していった。

「全国哥麿会」のデコトラ連中と、文太さんの映画は、「ハレ」の世界の運転手達の「晴れの舞台」を作り出してしまった。

現在、デコレーショントラックは、交通規範上は車検が通らない。だから、車検時は装飾を外して受ける。その取り外し取り付けで、取り引き業者は商売になる。

何故、現在もデコトラが走っているかだ。

いいですか、世の中は良いも悪いも混存しているのが現実です。一見、いかがわしいと見る方もあるかもしれませんが、デコトラだろうが、大輸送会社の流通トラックだろうが、警察は違反をすれば、きちんと処置します。デコトラは、違反をしないようにと一人一人が身を処して業務についていています。

個人営業的色彩の濃い人々ですから、違反で罰金をとられると、直接響くのです。

それでなくとも、トラックに注ぎ込んだデコレーション代は莫大です。いつでもクリーンな車体を輝かせていたいから、金をかけたわけですから、汚れたまま走ったり、ボディの一部を破損させたり擦ったりで走りたくないという人々です。ですから、まず運転が好きで運ちゃんになった者達ですが、運転を愛し、そして上手です。従って事故やスピード違反をしないのです。デコトラの特性です。

これを警察はきちんと把握していて、今では積載重量を気に掛けているくらいです。

さて、『トラック野郎』と「全国哥磨会」には、大きな功績がある事をみのがせません。それは、この映画に登場して来るデコトラに憧れて、次々と若者が集まって来て職業人に為ってくれた事です。

宮崎会長の下に、小林明弘、椎名均、夏坂照夫、大場一郎、谷畑良雄の皆さんが「トラック野郎」全一〇作に捧げてくれた情熱と心意気が、今のデコトラ野郎に受け継がれています。その確認が大洗海岸の「文太、キンキンを偲ぶ集い」でした。

おお！　そのステージに立った私の目に！

ドカーンと、実にみごとな大型箱形トラックの横っ腹に、あったあった！

マイクを片手に歌う「八代観音」の姿があったのです。

昭和四十八（一九七三）年から四十二年の月日が流れても、「八代観音」は次代に受け継がれて、トラック野郎を見守り続けていたのです。

ね！

今では何千と言う仲間が「トラック魂《スピリッツ》」という月刊誌を楽しみにするまでに発展している。この編集長の古川昌廣さんと話していて、実に面白い事を知らされた。

昭和五十（一九七五）年、あのお固いＮＨＫテレビが「カメラレポート」というドキュメンタリー番組で「走る街道美学」として取り上げて放映していたのだ。ここに、宮崎靖男以下の人々が登場していたという。

「ね！　観た？　ＮＨＫ！」

と、キンキンが言ったと思う。

「おう、観た観た！　ありゃ絵になるなぁ！」

文太さんも膝を乗り出したろう。

「よーし！　鈴木則文だ！」

文太さんの東映入り後、仲良し監督ナンバーワンが鈴木則文だった。

美術監督が問題だった。天下の東映がデコトラを借り受ける訳にはいかなかったからだ。あの勇壮で華美な装飾を、本職も驚くほどのものに仕立てなくてはならない。

オーソリティーが飛んだ。

「全国哥麿会」の宮崎会長の下にだ。そうして「一番星号」を創り出したのは、箱絵の制作美術監督だった桑名忠之さんだ。

菅原文太さんも喜んだろう。

「男ひとり旅」とか「御意見無用」とか「昔桃太郎・今桃次郎」とかの文字が躍って、さすが東映映画の意匠だとデコトラ・トラッカーを唸らしたものだ。

この映画でも、八代亜紀の人気を見過ごすわけもなく、昭和五十二（一九七七）年の『トラック野郎・度胸一番星』に、女ダンプ運転手として「紅弁天」役で颯爽と登場させていた。

この時の挿入歌は「恋歌」だったな。

彼女のその後の活躍や現在の画才の豊かさなども、皆さん御存じの通り。

ある先輩スターの八代亜紀観は、もののみごとに的を射ていた事になる。

意地悪や苛めも、自分への讃辞だと受けとめて、みごとに成功した「八代観音」に、私は今でも深く敬意を持ち続けています。

「紅弁天　立派！」

凄じさと優しさと

まだまだ人生を歩く途中だが、今までの中で、最も私が身を縮めてしまうほど身の毛もよだった経験を聞いてもらいたい。

皆さんも色々な恐ろしい経験をしてきたと思うが、それを我が身におきかえた時、自分ならどうするだろうかと考えてみて下さい。

それは一本の電話から始まったのです。

「ちーが事故ったらしいぞ!」

私の仲良しからの電話で、二人で待ち合わせて見舞いに行った。

医者から掛かって来た電話でちーさんの交通事故を知らされたという。

彼女は新劇の女優さんで、新進の有望な劇団員として、親玉の杉村春子さんからも目を掛けられていた人でした。

私が知り合ったのは昭和四十年代の前半で、テレビドラマで私の婚約者をしたのです。

共演中は話す機会も多々ありましたが、ドラマが終わると自然に遠い人同士になっていきました。何年も過ぎた時、又御一緒する機会を得ました。その時に仕事後に食事をし、近々結婚の運びになっている旨、話に出ました。

それから、又、遠くにお互いの距離が離れました。

ある時電話があって、相談に乗って欲しいと言ってきました。お会いすると、小さな子供を抱えていたと思います。その話は離婚の相談でした。

私は離婚話が苦手です。と申しますのは、離婚こそは人間の最大の裏切りだと思っていて、こんな罪深い行為は無いと思い続けているからです。離婚話の相談に乗るのが絶対に不適格人間なのです。

運の良い事に、話を一緒に聞いていたのが、私の良き友カミヤでした。この男は、世界中の男の中で、こんなフェミニストもいるんだなと思える程のフェミニスト中のフェミニストでした。ふつうは女性解放論者とか女権拡張論者を言いますし、女性崇拝者の事も意味します。が、その中には「俗に、女に甘い男」という解釈も含まれていますが、カミヤは、まさにソレ。それ以外の何物でもない優しい人でした。女にだけ。ちーさんにはラッキーな出会いでしたでしょう。強い相談相手であったと思います。離婚に向かっての弁護士の手配など、それからの相談は彼が引き受けたのでしょう。

別れてどれくらいの後か、はっきり私には判りませんが、彼女は故郷の山形へ、子供を車に乗せて里帰りしていたのでした。

不幸は突然やって来ます。

東北自動車道・栃木インターの近くで彼女の車は側壁へ激突し、二転三転の横転事故を起こしたのです。まだシートベルトの無い時代です。

「良く生きていました」

と、医者から聞かされたほどの事故なのに、幼い二人の子供は無事でした。

カミヤと二人、病室で息を吸えないくらいの衝撃を受けました。

何もない病室は、恐らく病室ではなく担ぎ込まれた処置室であったろうと思います。どんなに血反吐《ちへど》に塗《まみ》れても、水で洗い流せるようにと、壁面下部はステンレスで被われていました。それだけで冷たい冷たい部屋です。

その部屋の中央に、やはりステンレスの台があり、それがベッドとなっていて、俯《うつむ》きの人間がのっかっておりました。

入り口の私達には、台の縁《ふち》の足首から先が最初に目に飛び込んで来たのです。なんとなんとその両足の踵には、一本の鋲《びょう》が捻じ込まれていました。そしてその鋲には太い鎖が付いていて垂れ下がり、その鎖は、砲丸投げのような鉄の玉に繋がっていたのです。二つの鉄球が静かに下がっておりました。縮んだ分の引き伸ばしです。

更に驚くべきは、腰に小さなタオルを掛けられた全裸の俯きの人間の頭部は、髪の毛を全て剃り落とされ、その頭部中央の頭蓋骨には、足部同様の太い鋲が打ち込まれていたのです。そして鎖には驚く程の重さの鉄球がぶら下がっていたのです。

「一メートル六五センチの身長が一メートル五〇もなかったのです」

事故のショックの大きさが想像出来ました。

医者は私達に言ったと記憶しています。

「女性ですから……」

助からない方が倖せだったのかもしれないと、正直な気持ちが出たのでしょう。恐ろしい状況に耐えているちーさんが、神々しく見えました。

台には穴が穿《うが》ってあって、顔は下に向いていました。そこへ手鏡を手向けて話しました。

結婚、出産、離婚、交通事故。


カミヤも私も若かった。義憤も義侠も人並みに備わっていた。

彼はちーさん救助に起き上がった。私も及ばずながら協力をしようと、東京と栃木の総合病院を往ったり来たりしました。

彼女の闘病生活は、彼女にしか判らぬ苛酷なものだったはずです。

私達には何もしてやる事の出来ない現実が続きました。私の手助けも、リハビリテイションの病院に、小泉純一郎さんの助力で早目に入れてあげられたぐらいしか出来ませんでした。しかし、彼女は半身を不随としながらも生きる力を失いませんでした。

ある日、新幹線内で作家の水上勉《みずかみつとむ》さんに出くわしました。面識の無い方でしたが、私が声を掛けると快く応じて下さいました。

そこで私は、先生の芝居に出ていた文学座に居た萩生田千津子さんは、これこれしかじかにて……と窮状を訴えました。

「……それで、私にどうして欲しいと、なべさんは言うのですか？」

と、静かに申されました。何時も思わされる事ですが、人間の「本物」は、皆、静かなのです。見るからに波打っているような私など、側に居るだけで溶けそうになります。

「アイデアです。先生の姿をお見かけした途端に、私に浮かんだ考えですが、先生の作品の語り部として生かしてやって下さいませんか」

先生のお力で、文学座を離れていた身なのに、語り部の仕事を頂く事が出来ました。

私が彼女の恐るべき人間修復現場を見せられ、人間の生命力の偉大さを学ばされていた時、もう一つ、人間の凄さが実行されていたのです。

それは、面倒を見られなくなった二人の幼児を、妹さんの高橋由紀子さんが引きとったのだそうです。彼女にも二人の子がおりました。しかし、

「二人面倒みるのも四人も一緒だから」

と、彼女は立派に育て上げたのです。

成人になって、母親のちーさんの住む近くにやって来た娘達と、私の家に挨拶にやって来ました。障害者用の手動操作の車で。その時、妹さんの話を聞きました。いくら姉妹でも、こんなことをやってのけられる人は、そうはおりますまい。

由紀子さんの御主人にも頭が下がりますし、子供達にも敬意をもちました。凄い家族です。

本当に、萩生田千津子さんの人生は壮絶でしょう。でも、天国でカミヤも水上先生も、拍手を送って見守っていて下さると思います。

私はどんなにしんどい時を迎えても、いつも思うのです。

「ちーさん達に比べたら……」と。

栃木の病院以来、彼女の車椅子を押し続けて今に至っている良き伴侶の長尾青年も、ちーさんにとって最大の天の救いであったと、思っています。

人生は非情で、そして素晴らしいです。

ありがとう、ちーさんに連なる人々に幸いあれ！

ある日の神戸ロケ

「ヨーイ！」

ここで、この一声で、スタッフ、出演者が全員一丸となって集中する。緊張が走って一点に神経がまとまる。

「ヨーイ！」

と言われれば私達は、反射的に身構え息を止める。

「ヨーイ！」

と声を掛ける人間は、実に気分が良いだろうなと、何時も思う。こっちは小学生の時から横一線に並べさせられ、声を掛けられてばかりいる人間だから、つくづく思う。

「ドーン！」だった幼き日々を。

朝もやが和らいだ神戸港の埠頭に、新進気鋭の監督、山田洋次先生の声が飛んだ。

「ヨーイッ！」

と来たら私達の社会は「スタート！」だ。「ドン！」ではないのだ。運動会じゃないんだから。

この声で肩に力の入る人間は、この世界では伸びてはいけない。逆にスーッと肩から力が脱けていく奴が勝ち残れる者なのだ。

王貞治の一本足打法に似ている。

投手の片足が地面を離れた時、同時に王選手の右足が上がる。同時にバットを握る手から、少し力が脱けてゆく。これはバットが球を捕らえて当たる瞬間にギュッと強く握り締められるようにする為なのだ。この力を発揮する為に、肩を中心にして全身の力を瞬間だけ柔軟にするという。

役者も、自然体としてこれが身に備わっている人は、上手い役者だと言える。

私の目の前に一人の女性が居た。

その全身から立ちのぼっていた気は、私には殺気に思えた。静かに波止場に佇む中年の水商売の女性が、目に見えない恐るべき妖気を放っていて、私はそれを察知して竦《すく》んだ。畏縮といっていい。

女性の名をミヤコ蝶々と言った。

「ヨーイ!」

山田洋次監督の声がかかると、蝶々さんの体から出ていた気が一気に消える。

その気は、ど素人みたいな私が主役を務める『吹けば飛ぶよな男だが』のロケで、初めて蝶々さんのプロの業《ごう》を見せ付けられた気がして恐ろしかった。それは余りにも高度な手法だった。それが何を意味するのかが、まだ私には理解出来なかった。

何回かリハーサルをする。

その時には蝶々さんは、ただの見送りに来たトルコ風呂のママでしかない。

「じゃ、本番行きましょか」

助監督の声で、キャメラがポジションに付く。レールの上の平台にキャメラの助手が張り付く。蝶々さんと私の前に上下二本のマイクが竹竿の先に括り付いて延びてくる。

照明の技師に手直しされたレフを持つ若者が、右から左から私達二人を照らしている。

頃はよし。

「ヨーイ！」

監督の力のこもった一声が他を圧する。

その瞬間だ。

蝶々さんの体から、一本の光が筋となって上方に素っ飛ぶ。

途端に、ふわりとした肉体のママが、力を抜いて出来上がっている。

「スタート！」

呑まれている私は、演技者として芝居に入るタイミングが半呼吸、遅れている。

王選手の打法なら、入るべきホームランが、フェンス際でキャッチされたものとなろう。ほんのわずかだが、タイミングの「ずれ」だ。

早くても遅くても、相手の呼吸に負けている。「駆け引き」なのだ。

早かろうと遅かろうと、バットに当たる瞬間を適確に補正出来れば、それで良い。

これを「技術」、テクニックと言う。

それを会得して、己の手の内にする為には、並の努力では到達出来るものではない。

今だから、王さんの並でなかった野球との向きあい方も、蝶々さんの技術も、こんな見方と理解が（出来る）のだが、この時二十七歳の私は、ただただ息をのまれていただけだった。

ただ、私もそんじょそこらの駒ではないと自負していた若者だったから、「歩《ふ》」は歩なりに、引っくり返って金になっている「と金」の自信があった。

「スタート！」の瞬間、力を失って木偶《でく》の人形のようになっていた蝶々さんが、間髪入れず豹変する。この変化を見失わなかった私の地力を、蝶々さんは認めてくれ、のちに「東京の恋人」とまで言ってくれるように為るのだ。

この時は違う。

「この若造め！　お前ごときが主役やなんて！　いてこましたる！」

そう思っているなと察知出来た。

シーンは大重要な山場だった。

このラストの出来一つに、この映画の全ての出来、不出来が掛かっていた。

撮影技師の高羽哲夫さんは、山田洋次の師なのだろうなと、私は受け止めていた。

こちらの演技の未熟を感知するや、監督が言う前に高羽さんが一声掛ける。

「洋ちゃん、ごめん!」

キャメラ後で二人が声を秘めて、あれこれ話している。

これは、わざとだった。

NGなのは決定してるのだ。

この間《ま》は、未熟そのものだった私や佐藤蛾次郎への思いやりなのだ。この何十秒の間に私達は次のカットへの勇気ややる気や気付きやゆとりや反省や是正を促されるのだ。

高羽さんが、自分の経験から学んだ、役者への「おもてなし」を若き監督にさりげなく教え込んでいたのだと思う。

私は渡辺プロ渡辺晋社長の言う、

「結婚するには、男は手土産を持っていかないとな!」

の言葉通り、私と東宝の新進女優、笹るみ子との結婚のはなむけに用意してくれた作品だった。つまり、私は実力でこの作品を手中に納めたのではない。渡辺プロダクションの力関係と言うか、松竹との連携の上で成立した主演なのだった。

だから、王さんが二死満塁で打席に入ったようなものだった。一対三で巨人が迎えた九回裏の起死回生のチャンスだ。観ている者さえ胃が痛む。

打席の王さんの胃はどうだ?

これを修羅場と言う。

勝負の世界なら「生き死に」だ。

芸の世界でも私は、「ヨーイ!」の後は生き死にだと信じていました。だからこそ私みたいな若造が、蝶々さんが己の生き死にをかけて、役になり切る瞬間を見逃さなかったのかもしれません。それは誠に美事な切り替えをして見せるのです。ふっと抜いた力に魅せられて、私の緊張が弛んだ隙に、蝶々さんは千変万化してキャメラに対しているのです。

私に太刀打ち出来る相手ではありませんでした。私の遅れを取り戻すべき剣は、ガチガチに固まった肩の力で、切っ先が相手に届かないのです。

落合博満さんのスナップの柔軟さが、私にはまったく無いという事でしょう。

遅れても若さで突っ込んで来る私の演技を、もっとゆっくり遅れて起き上がって、やんわり包みこんでしまう素早さ。

「後《ご》の先《せん》」は孫子の兵法です。

名横綱、双葉山が取り入れて己の戦い方に作り上げた戦法です。

「横綱たる者、じたばたしない。相手を先に起たせて、ゆっくり後から起てば良い」

と悟って創り上げた立ち合いの極意です。

「ただし、後に起つからこそ、その後の動きは相手よりも素早く動けなくてはならない」

その為には、日頃の鍛練をおいて他にない。四股、摺り足、鉄砲、と、基本の徹底的な修錬こそが相撲道の奥義を極める、不可欠の関門だと悟ったのだ。

第三十五代横綱　双葉山　定次
それから数えて三十四代が月日に流れ、
第六十九代横綱　白鵬　翔
凄い！　日本に来て相撲をめざした少年に、誰が今の姿を想像出来たであろう。
彼は双葉山の古いフィルムによる土俵の戦いを集め、それを研究し続けて、「後の先」を発見してしまう。
歴代の相撲取りでこんな研究をした力士はいないでしょう。
話は横綱だけに横に外れましてごめんなさい。元に戻します。
ミヤコ蝶々という人は、戦後の大阪の女優の最高位をめざして、当時その位置に居た浪花千栄子さんを追い続けていたのだと思いました。とにかく、小《ち》っぽけな背丈のおばはんでした。でも五十少し前の女盛りであったのですが、私は三十少し前の若男盛りです。私から見たら大阪の達者なオバン。
それがどうです。達者だなぁなどと絶対に見せないのです。浪花千栄子さんの無表情な面体での速射砲のような早口のセリフまわしは、時折みせる笑顔が子供心に造り笑いに見えて恐かったが、蝶々さんは柔らかい怖さだった。絶対に油断の出来ない優しさでした。
ここは大事なシーンだと思えば思うほど、私の肩には力が入っていたはずです。

「本番ー!」

「本番でーす!」

「本番!」

あちこちでスタッフの気合の入った掛け声が飛び交い、

「ヨーイ!」

身の引き締まる一瞬。

「スタート!」

見つめ合う私と蝶々さん。

じっと見つめ合う蝶々さんと私。

セリフを言わんとするその瞬間、ヒョロッと男が出て来た。

「カット! カット!」

全員が唖然として男を見る。

何の変哲もない労働者風の人だ。

サラリーマンでは無かろう。仕事にあぶれた港湾関係の人間だろうか。

恐らく関西ではゴロンボと呼ぶ人種だと察しが付いた。

「すみません。本番ですのでここどいて下さいませんか?」

助監督の一人が丁寧に、場所の移動を促す。

「なんで？」

「今、撮影中なんです。御協力いただけませんか？」

「わし、ここ居たいんや！」

「すみません。今、撮影中で、そこにおられると困るんです」

「なんで？」

「ここ、使っておりますもので！」

「わしも、ここ使ってるんや」

「少し、あちらに移って頂けませんか？」

「わし、ここ、好きやねん！」


蝶々さんを退がらせて、撮影を中断せざるを得なくなった。場面はラストの大事なシーンで、私達の立ち位置は、背景や陽の光や騒音まで計算されて定まっていたのだ。

そこへヒョイヒョイ出て来て腕組みして、天を仰いだり海を眺めたりには参った。

誰がどう頼んでも、

「わし、ここが好きや！」の一点張り。

仕方なく、少し場所を移した。

又、一からやり直しだ。映画のワンカットは昔から簡単には撮り切れない。

キャメラ位置が定められ、役者の立ち位置が改めて決定する。照明は大移動だ。電源車も移動し大きな照明板も場所替えをして、さあ、もう一度リハーサルだ。何度かするうち、これが何と私には救いのアクシデントとなり、肩の力が抜けて行ったのだから不思議だ。

「本番参りまーす！」

助監督の声に一際力がこもる。

スイーッと、男が出て来て、全員、声もなく見つめると、パンなんか食べ出した。ゴロンボだ。

コロンボならヨレヨレコートを着ていようが、男は汚れの目立つランニング姿だ。

「ごろんぼ波止場」というテレビを、「てなもんや三度笠」の名ディレクター、澤田隆治さんが手掛けていて、デビューしたてでレギュラーにして頂いていたが、「ゴロンボ」が何なのか、理解していない。当時私は、「波止場をうろつく港湾労働者」と思っていて、今、調べても調べがつかない。恐らく関西方面の港で使われていた造語の類いだろう。

とにかく広々とした波止場のシーンは、ゴロンボが次々と現れて邪魔する為に諦めて、後日まわし。船上から狙うショットで蝶々さんを撮る事と為った。

蝶々さんのワンショットだ。旅立つ若者に、「もしかしたら、あなたは母親《おかやん》と違うか？」と問われて、

「その子は生まれてすぐ死んだ」と吐きすてて、失意の若者が小型船で大型船への乗り込みに去って行くのに向けるアップだ。

私は船上から見ていた。

じっと見つめる蝶々さん。

その複雑な胸の内を、僅かの秒数で語ってみせるのだ。

台本では、そのアップに小沢昭一さんのナレーションが被って、去る船、神戸港の遠景、ENDマークとなっていた。

この時だ。この時の鬼気迫る演技は忘れられない。

波止場の際に立っているから、ゴロンボも割って入れない。

「本番行こう」

数回のテストの後、山田監督が言った。

助監督が蝶々さんに言った。

「本番よろしいですか」

思い入れよろしく、静けさの中に居た蝶々さんの口から出た言葉は、

「まだや！」

低く叱りつける声だった。

監督と高羽キャメラマンが同時に凍り付いた。私も目を見張った。

長い沈黙が続いた。

「……いい……で！」

優しい声だった。

「ヨーイ！」

山田洋次監督のおもてなし掛け声は、小さく優しかった。

「ス・ター・ト！」

見送る目線の先は、タグボートで走り去る私だ。それは我が子なのか、ただの他人の子なのか、蝶々さんの演技次第で観る者が惑うのだ。初め笑っているような顔が急に変化して、何かを堪えている風情をみせ、次に何と滂沱《ぼうだ》の涙を流しつづけたのだ。涙で我が子と判らせる……。

その表現は、本番一回こっきりのとっておき演技だった。その演技に演技らしさを見せつけない自然さがあって、その場で私は打ちのめされたのだ。

「しまった！」

と思ったよと、後で山田洋次監督は私に語ってくれた。

「これだと、この映画は蝶々さんにもっていかれちゃうんじゃない？　ね、洋ちゃん！」

高羽さんが言ったそうだ。

その日は撮影しようにも、あの手の連中の整理が付かないで、早々と撮影を切り上げる事になった。

結果として、これが私に幸いしたのだ。

撮影が出来なくなって早々と宿舎に帰って、明日の手順を整えている山田洋次監督の上に、見えない波動が届くのだ。

「高羽さん、今日のラストカットの撮影ね、あれ、やっぱりワンショット加えようかしらね？」

「うん、そうそう、それね。やっぱりね。そうだよね、洋ちゃん！」

高羽さんは自分のイメージで浮かんだカットなど決して言う人ではない。

若い監督をたてる術《すべ》を知っている。

洋ちゃん、どう私は撮ろう？　と言うように、顔を見ているだけだ。

高羽さんのメガネがキラキラ電灯で光っていた。監督の頭に蝶々さんの光って落ちた涙が浮かんだろう。

「目には目かぁ……」

「うん？　……歯には歯かね？」

「ここは泣かせますか！」

「……うん……涙ね！」

呼吸の合う二人だったから、もう高羽キャメラマンにも、なべおさみの捉え方が読めた。

二人とも、あのしたたかで役者を弁《わきま》えた技量の蝶々さんの手から映画を取りもどすには、その手しかないなと決心していた。

あのゴロンボの邪魔が、それこそ大きな恩恵をくれたのです。

監督やキャメラマンが、いやという程女優魂を見せつけられたあの現場に、私も立ちあってい
たのはラッキーだった。

「さ、行こう！」

これは高羽さんだったか。

「じゃ参ります」

と助監督。

「よろしいですか？」

は儀礼的なもので、心から聞いているのではない。ほら、行くよ！　なのだ。

その瞬間に返ってきた、高飛車な蝶々さんの一喝、

「まだや！」

本番行くか行かないかは私が決める！

何でお前が決めんのや！　ここは勝負の時やないか、の心だったのだ。

一度だってそんな突き放した言い様の蝶々さんを見た事などなかった。

「行こうか！」

と言わず、

「今や！」

と言って、オーラをすぼめた。

「ヨーイ！」

小さな声で高羽さんが応え、

「スタート！」

と、監督が呟いた。

キャメラが回り、蝶々さんが泣いた。

あの涙は、それ一発で映画を自分で括《くく》ってしまう計算の総まとめだったのだ。

映画は、そのカットの後に付け足したタグボート船上で泣く男の姿に、小沢昭一さんのナレーションが被る。

そして映画は、二人の本物の映画人の手に依って、美事に私の元にかえって来たのでした。

私の代表作『吹けば飛ぶよな男だが』は、山田洋次監督の代表作というのが本当なのです。

天の術中にはまる

「どんなに有名になってもね、一番良くないのはいい気になる事です！」

先生は一日の撮影が終わると、しごいた分、すまないと思うのか私を撮影所前の路地に出ている屋台に誘《いざな》って下さる。酒を飲まない者同士でおでんを食べながら、訥々《とつとつ》と話して下さった。

「一寸売れたからといって、大きな車なんかに乗ってる人を見ると、ボクは、使いたくありませんね。ボ、ボクは！」

山田洋次イズムの心髄がここにあった。

それを私なんかに吐露してくれたのは、私がいつも電車で通っていたし、この映画一本に絞って撮影所前の旅館に泊まり込んで、打ち込んでいる姿を、真摯だと思ったからだろう。

ところがどうだ、天はこの時も、二重の罠を仕掛けて私を試すのだ。

この頃、私の師ハナ肇が、大型のベンツに乗って『シャボン玉ホリデー』のスタジオ撮りの為日本テレビ正門に乗り入れて来たのだ。

「どうだ！　参ったか！」

ハナ高々と言ったのも理解出来た。私ら弟子やクレージーキャッツのボーヤやマネイジャーが待つ正面玄関には、日本テレビのプロデューサーすらお出迎えのランクにあったハナ肇だったから、黒塗りのベンツのドアからゆったり降り立ち、

「どうだ！　参ったか！」は、どんなに言いたかった言葉か判るというものだ。

ところが、山田洋次先生の言葉が身に染みたばかりの時だった。

私は、絶頂の高ぶりでみんなに得意がる師匠に対し、そっと諫言《かんげん》したのだ。

「ハナちゃん凄いね！」

「さすがぁ！」

「たいしたもんですね！」

と、誰も誰もの発する言葉がハナさんには、甘言《かんげん》だったのだが、そこに私のかんげん。

「おやじさんとした事が、これは何ですか」

「……？　……」

「『稲は実って頭《こうべ》を垂《た》れる』のたとえもあります。おやじさんを支えているファンは、こうした行為を何と見ます。これはそうした人達への裏切りです。ボウキョです！」

と、諫《いさ》めました。

私は「妄挙」と言ったのですが、おやじは「暴挙」ととったようでした。

この話に、おやじは「この野郎！　人が気持ち良くしてるのに水を差しやがって！」と怒りました。こうした時のトーラーの巻物は、渡辺晋社長です。トラの巻です。絶対です。

「社長、なべの野郎！」

と、まくしたてましたはずです。

社長は冷静です。

「ハナ、二年待て！　その車は俺が買うから、お前は俺の車しばらく乗っていろよ。洋ちゃんの言う事ももっともだろう。な、ハナ？」

これでチョン！

おやじは社長の国産車に乗っかりました。

しかし、二年後には念願の車にする御墨付きを頂いたのですから機嫌は直りました。人間、先行きの希望が出来るくらい明るい人生はありません。それに社長の新車に近い高級車が丸々ただで手に入ったのですから。


これも天の仕掛けの一つだとは私には気が付くわけもありません。凡夫の哀しさです。

多忙をきわめる売り出し中の私です。「売って売って売ってる盛りは銭が無い」の例の通り、金は付いて来ません。

しかし仕事だらけです。まだ付人や運転手がいるわけではありませんから、事務所の入れてくれるスケジュールを一人で飛んで回って、こなすだけ。現場にマネイジャーが姿を見せるわけもありません。こっちはアイドルではないんですから。

そのうち背中が痛くて仕方がない。下北沢の病院でレントゲンを撮りましたら、これが大騒動に発展です。

どう発展かというと、この医者の一言が発端なのでした。これこそが天の仕掛けたトラップなのですが、例によって脳味噌は節約で出来上がってる私に思い及ぶわけはありません。

「肺に十円大の穴があいています。入院が不可能なら仕方ありません。投薬と注射で対処しましょう。が、まれにストレプトマイシンには、副作用が起きる事があります。何万人に一人くらい手足に痺れが起きる方がいます。その時はおっしゃって下さい」

医者は、神経質なくらい言葉優しく、私にショックを与えまいとしていた。それでも、

「肺病！」は、

ショックだった。

更に追い討ちをかけるように、妻に言うか言うまいか迷っているうちに、手足に痺れが襲ってきた。万に一つのショックだった。

女房がケラケラ笑った。

生まれたばかりの子に乳を含ませながら笑った。そしてこう言い放った。

「肺に十円玉の穴があこうと穴だらけになろうと、あなたが働かなきゃ家は食べて行けないんだから。それだから楽しく働く為に、うんと楽しくなる車でも買い代えて、働きましょう！　さあ、カーマガジンでも買いに行ってらっしゃい！」

この話を飛行機で偶然隣り合わせた、旧知のラテン歌手、坂本スミ子さんにした。

おスミさんが言った。

「明日、家へ来なさいよ。内証だけど、私、結婚すんのよ。丁度、買ったばかりの車、いらなくなったとこだから、あんたに譲ってあげる。あんた、なんぼあるの？」

天は粋なことをなされる。

丁度上手い具合に、そんな都合の良い話を、隣席に座らせるなんて。

でも、やはり私は「ノータリン」でした。

天の罠が仕掛けられているなんて判りようがなかったのでした。

女房が払える金と、おスミさんが買った車の値段は月とスッポンの差がありました。

でも、坂本さんは女房が持参した金から更に十万円を女房に手渡して、

「旦那に内証のヘソクリにしなさい」

と言ってくれたのです。

青山通りで運転手さんが見せに来るのを待ちました。やって来た車を見て、女房が声を上げました。

「ふえーっ！」

私は声を飲みました。

「くふぅーっ！」

その車はオールズモービル・４４２と呼ばれる、フルサイズの大型車で、二ドアのスポーツタイプです。しかも、そのカラーは、メタリックの鶯《うぐいす》色じゃありませんか。若緑のもっと黄色がかった極上のど派手な車でした。

その車で、日本テレビの正面玄関に乗りつけたと思って下さい。

そこにハナ肇が立っていたと思って下さい。

つい先日、この方のベンツを国産車に変えさせたばかりだと思って下さい。

ハナさんの気持ちになってみて下さい。

おーっ恐わ！

早速社長に言い付けられ、お呼びが掛かりました。私は青くなって飛んで行きました。

仕方ありません。肺病の話から始まっての一部始終を語りました。

「ケッケッケッケッ！」

河童じゃありません、天下の渡辺プロダクション社長、渡辺晋の笑い声です。

社長は好きなんです。こういう類いで物を得てしまったなんて話を。只々、車屋と商談して車を安く買うなんて話は大嫌いでした。

支離滅裂、しっちゃかめっちゃか、荒唐無稽が大好きでした。

「ケッケッケッ！　ハナが怒るわな！　ケッケッケッケッ！」

一口《いっこう》にお咎めなしです。

その場に担当マネイジャーが呼ばれ、即刻、入院のスケジュールが組まれ、入院させられてしまいました。


入院翌日に主治医から呼ばれました。

「ああ、肺の穴はね、ああ、レントゲン撮る時、ああ、光の入りを良くする為、ああ、採光紙《さいこうし》というのを、ああ、使うんだが、ああ、これをケチるんだね、ああ、すると、ああ時々空気の泡が、ああ、こうした現象をだね、ああ、作り出すんだね、ああ、君の肺は、ああ十年、ああ検査しなくて、ああ、良いよ。ああ、あそこの医院行って、ああ、レントゲン写真も、ああ見て来たから、ああ」

ああ無情！

ヤブからボウ、ヤブ医者から外車が出て、私はハナさんから疎《うと》まれてしまいました。

おやじは意地になって外車を嫌いました。

ついでにその原因の私もでしょう。

天の罠は、これだけでは終わりません。

私はこの車を駆って仕事に気持ち良く向かっていました。実にご機嫌です。社長のケケケにも守られていましたし。

その日は松竹大船撮影所でした。鰐淵晴子さんや松山英太郎とテレビ映画のレギュラーの仕事です。あの撮影所は駐車場などなく、広い敷地の空き地に自由に停めていました。

地面は舗装がなく、踏みしめられた堅い土面に、薄く砂利がまかれています。

これが適度のスピードでブレーキを踏むと、ジャーッと滑って止まるんです。

これが気分良い。何とも言えず外車気分を満足させてくれます。

だいたい車好きな人間は、運転していても降りる時でも、自分の姿を外から見ているのです。

そうして、その己の姿に自己満足するのが、こうした車族の真情なのですから。

この気分でジャーッと滑って止めると、乾いた大地から、おっそろしい程の土煙が舞い上がりました。もうもうたる中をゆっくり降り立つ自分の姿を、惚れ惚れと自分が見ていました。前方の土煙が消えると、なんと目の前に山田洋次先生が立っておられました。

目を細めて埃《ほこり》をさけた先生の、無言の声が聞こえた気がしました。

「…………。…………。！」

「ケケケケ！」

と、天の笑う声もしました。

結局「トラさん」には一本も出してもらえずに終わりました。

「ケッケケッケッケッ！」

おやじの笑いは満足そうでしたが……。

前代未聞の大パーティ顛末記

この話は、真にもって不可思議の一言に尽きます。今なら恰好のスキャンダルで、ワイドショウは一週間はこれで凌げましょう。

なのに私の記憶には、それが何年の事だったのかよりも昨日の事として保存されております。それは余りにも唐突に命じられて、余りにもあっけなく終わり、余りにも不平も不満の声もなく時の波に流されて行ったからでしょうか。実に、今改めて考えてみると身勝手で非常識な話なのでして……。

これこそ、「ケ」と「ハレ」の世界の織り成す、ハレの世界の展覧と言える出来事だったと、はっきり再認識しているのです。

ケとハレの章を、後でしっかり読んでみて下さいませんか。

これから話す事は、私が初めて話す事ですが、同時に五百人以上の人間がみんなその目で見、そして耳で聞いて体験している事なのですが、誰一人この話を後世に語り伝えてはおりません。

まず発端は、ハレの代表選手たる勝新太郎さんだとはっきり覚えています。

「これはねお前、オミズの為にやる花興行だからね」

大きな目でしっかり私の目を捕らえて、一言一言に力が入っていました。

「ハナコウギョウ」とは、裏社会においての言葉で、誰かに「花をもたす」為に打つ興行の事。何何さんの為に良かれと催される金集めの為の、いわゆる慈善興行です。さしずめ今の時代、代議士諸氏の政治資金集めの立食パーティですかね。ハナ興行の花をもたらされるオミズとは、第一回日本レコード大賞受賞者の、水原弘の事でした。

「黒い花びら」は、昭和三十四（一九五九）年の大ヒット曲で、持ち味とも言うべきふてぶてしさと、倦怠感ただよう歌のムードが世相とマッチし、爆発的に世に出たのです。

作詞　永　六輔

作曲　中村八大

のコンビは、ここからこの時代のエースとなって行きました。斬新な詩と、歌謡界に無い垢抜けたジャズ仕込みのメロディーは、坂本九さんの「上を向いて歩こう」等にも表れています。

さて、そのオミズさんが、私の付人稼業五年間のスタートの師匠なのです。ですから、この話は私が彼の付人を大学卒業とともに離れて行った少し後の事で、ハナ肇の付人だった一年八ヵ月の間の事だと思います。多分昭和三十八（一九六三）年の話と思います。水原の誕生日は昭和十年一月十一日ですから。私の目の前に一枚の厚手の案内状が差し出され、手に取って驚きました。

「水原弘　誕生日パーティ」

とあり、
驚いたのはこれ……。

「……出来得る限りの出席と、出来得ぬ時の祝儀のお届けお忘れなき儀を心より御願い申し上げます」

「祝儀を持って来い！」でしょう？　参った！

これこそハレの世界の人間のハレバレする文面ではないでしょうか。もしケの世界の行事でこんな文章が届いたら、噴飯ものとして物笑いの種になるはずです。

「何ですかこれは！　私なぞ出席しなくていいから、祝儀だけ届けろって事ですか？」

と、こうなりましょう。ジャニーズ事務所やバーニングプロからこんな案内状が届いたら、世の中ひっくり返りますよね。

皆さん、この話、嘘ではないんですよ。でもこの時代、これから話す事は事件にも何にもならなかったんです。

全員がハレの世界のありうべからざる出来事を感嘆していたとしか言いようがありません。言いかえれば、ケの世界では決して起こりえない出来事に満足したという事です。

たしかに東京オリンピック前までは、日本にはケの社会とハレの社会がきっちり存在していたということです。今の時代は何もかもが混沌として、ケもハレも見分ける術を失った人間が、常識とか正義を振り翳《かざ》している気が致します。が、この時代、書く方も読む方も全てが、「これは、ハレの世界からハレの会場への御招待です」と、深く納得していた時代です。だから怒らない。怒るどころか、身の内にゾクゾクする程の快感を持ったはずです。

私も二つ折りの書状の左側を見て、唖然としました。そこには、こう書かれていたのです。

発起人
数百人（省略御免）
その代表
石原　裕次郎
美空　ひばり
勝　新太郎
（順　同）

発起人の数百人と言うヴラフ（はったり）の洒脱さや機知に富んだ書面もさることながら、この時代の発起人代表の凄さに舌を巻いたのです。昭和三十年代、日本映画界最大のスターは石原裕次郎さんでした。

誕生パーティが一月十一日ですが、一月十六日には裕次郎さん自身が起業して、石原プロモーションを設立する、そんな限りない躍動の行動の機でもあったのです。

前年の七月に、三船敏郎さんの三船プロの勃興が大きく作用していたのは、側で夜っぴて語り合う裕次郎さんや勝さんの話から察せられるところでした。やがて映画会社の製作方針に疑問を持つ大物は次々に独立致します。中村錦之助さんは裕次郎さんに五年遅れで、大映で第一人者に成っていた勝新太郎はその前年勝プロを興します。勝さんにとって、この昭和三十八年の裕次郎さんの独立は、大きな衝撃だったと私は思っています。

それを上手にサポートしていたのが美空ひばりさんだったと、今でも私は思っています。

裕次郎さんも勝さんも、自分の望むべき映画製作で生きて行きたいと若き情熱を滾《たぎ》らせていた時です。裕次郎さん二十九歳、勝さん三十二歳、ひばりさん二十六歳、そして祝ってもらう水原弘は二十八歳になるのです。

みんな若く潑剌としていて、恐い物なんてないって感じの真っ盛りの旬でした。

ひばりさんは結婚したての時です。御存じ、マイトガイの小林旭さんとの電撃結婚は、当時を知る人には忘れられないショックでした。何たる発起人でしょうか。

裕次郎、ひばり、と来て、勝です。

その勝新太郎は私の師でもあります。

この昭和三十八年のパーティ時には、三人顔を並べれば、「ホーウ！」っと世間では讃歎の声が洩れますが、水原を加えて四人が轡《くつわ》を並べ始めた三年前には、一頭出遅れていたのが勝新太郎でした。遊びに出た場所で他の三人が酔って気持ち良く歌えば、居合わせた客は、もっと気持て知っています。

ち良い至福の時を過ごすのを、勝さんは歯を喰いしばってホゾを噛《か》んでいたのを、私は何回も見

「勝ちゃんも歌をやんなさいよ！」

とひばりさん達にけしかけられても、

「いや、オレは三味線で、歌は兄貴（若山富三郎）さ」

を逃げの道具に使っていたくらいでした。

その後塵を拝していた芸能界ランクに、あっと言う間に追いついて、今や追い越したとも思える勢いだったのです。

それは一本の映画がもたらした光明です。

昭和三十五（一九六〇）年の『不知火検校』に出演した事が全ての導火線だと人々は知っています。

大映御大の長谷川一夫譲りの二枚目化粧で、ニヤケた二枚目ばかりで腐っていた勝に、降って湧いた汚れ役でした。しかも善人ではありません。これに挑戦、見る人に愁眉《しゅうび》を開かせました。でも、私は本人の心眼が見開かれたのだと信じています。役者開眼です。ハレて役者になったのです。

翌年の『悪名』は、もう今までの勝ではありませんでした。奔放な人間が画面にいました。スクリーンは正直です。役者本来の心を映してしまいます。嬉嬉とした勝新太郎の演じる人間に、

観客も共に喜気とした気分になれたのです。これこそハレの世界への転身でした。

「胸がスカッとした」って事を本人も観客も味わったのです。

そして『座頭市物語』の登場です。

昭和三十七（一九六二）年です。中村玉緒さんとの結婚もこの年です。

そこからの快進撃は一気に日本中に轟き渡り、それでなくとも破天荒な勝イズムは、裕次郎さんの言う「兄弟！」の仲も、弟分のオミズとの絆も、「兄《あん》ちゃん」と慕うひばりさんとの結びも、更に強くするだけでした。側で見ていて思った事ですが、四人で会っている時には、一切他の人を混入させる事がありません。そこは誰も入り込めぬ「ケとハレ」の世界だったのです。

一度ぐらい裕次郎夫人の北原三枝さんや、勝夫人の中村玉緒さんを同席させたら良さそうなものなのに、昭和三十五年から三十六年、三十七年と続いた三年間の顔合わせに、ただの一度たりとも加えてはおりません。

「ケ」の入り込めぬ「ハレ」の世界だったのだろうなあ。

とにかく、夕方、六時に赤坂の料亭に集合、二時間ほどすると出て来て、そこからは趣くままに、ナイトクラブ「ラテンクォーター」やら銀座やらに進出、最後は定まって新橋の「青江」のママに世話になって納まる。戦後おかまバーの代表的存在のこの人は、みんなを面倒みたから知る人は多かったろう。四人も甘えて閉店間近の省線の終電で帰る店の人間の後に陣取る。

それが毎日で休みなし一ヵ月続くのだ。

青江のママも半分呆れ半分感心して、私に目くばせして鍵を置いて消える。どうしてこんなに毎日、同じ顔ぶれで同じ店で話が竭《つ》きないのか不思議なのだ。小さなおかまバーを独占して、勝手に〝酒棚の好き放題〟の飲みっぷりの豪快さ。青江のママの太っ肚さや男気、否、女気の剛胆さにハレ世界の人間同士の痛快さを知ったのも私には嬉しかった。出鱈目を愛でる心だ。

この時代の尋常でない族《やから》、おかまちゃんは、まだまだ奇異の眼差しを受けざるを得ない存在で、今の世でいうカミングアウトなど、余程勇気のいる行為だったはずだ。隠花植物と言われた世の流れだった。これなんかも、ケとしての男女の存在からみればハレの世界の現実なのだ。たいがいの事で驚かない青江のママが、

「あんた達、体、大丈夫なの？」と、心底心配してくれていた。各人が売れっこであり、大スターであり、超忙しい。朝、七時に散ると、それぞれが仕事をこなして、夕方六時には集合するのだから、一ヵ月で一年分の過剰遊戯だと思えました。凄いスタミナでした。

水原弘の誕生日は、その延長線上にあった。まさに、そんな一ヵ月を三年間に三度も経験している四人が円陣を組んでいたのだ。

私はその三年間を付人として、じっと見守って共に過ごしていたのだった。

少し枠から外れた戦友だろうか？　ハレ世界を黙って覗きみたケ人間でしょうか。

いえいえ、将軍達の目だたぬ下僕です。……そしてハレ友……そして信頼された兵卒でした。

水原弘は前の年の夏、所属する渡辺プロダクションを離れました。付人の私は社長である渡辺晋さんのアドバイスを受け、渡辺プロに残って、売り出しの掛かったハナ肇とクレージーキャッツのリーダー、ハナ肇の付人にされていた身なのでした。

渡辺プロを離れた水原弘は、さすがに今までの順風満帆さから一転、逆風の中で身を焦がしていたのだ。

見かねた兄貴分の勝さんの助け舟だと思う。花興行の思案が生まれたのは。

私はこの計画に、一度たりと関わっていないのだが、それは当然の分際で、ランク違いもいいところですから。

でも私には、このアイデアを勝さんが思いつき、裕次郎さんとひばりさんに諮った時の燃えるような輝きの目が想像出来る。

その目で見つめられ、沫《あわ》を飛ばす口角を見ていたら、いかな裕次郎さんでも逆らえない。ひばりさんも一瞬で引き込まれ、次々と意外な誕生パーティーの具体案を、繰り出したに違いない。

そういう人なのだから、ひばりさんって。

裕次郎さんはこの年自分のプロダクションを起ち上げるような行動力の人なのだ。

吉田松陰の言う「知行合一」の整った人だと、私は今でも思っている。

気が乗ったら凄い。魂が備わっているから。

人をまとめたり説得する能力に長けている勝さんと三人で、オミズ抜きの相談は、昭和三十七年の暮れにバタバタと決まったろうと察する。夜の遊びつながりで、原宿辺りで、芸能人に食い込んでいた村上厳という男がいた。水商売の穴場の知識に精通したゲンさんに、勝さんが話したと思う。

「どこか、安く貸してくれる良いとこ知らないかい？」

「勝先生、ホテルは？」

「馬鹿お前、そんなとこ高いだけだろ！」

「じゃ、私が用心棒やってる店なんかどうですかね？」

「うん？　よし、今から見に行くか！　案内しろよ」

こうなったに決まってる。

何とそれは、今は森ビルが建ち並ぶアークヒルズの再開発前の辺りにあったクラブで、クレージーキャッツの桜井センリさんの経営する店だったのです。ここで話は最初に戻ります。

「それでなお前、大至急印刷して、送って、といったって正月だもんな。で、絶対来るって奴に、速達で出して、すぐ電話来るよ。一分で帰って良いから、持ってくるもの持って来て頂戴ってな！」

と、私の目を見つめた。

そのとき、私は勝さんの上京を知って、加賀まりこさんの六本木の親類の伊藤社長のお宅に、新年の挨拶に伺っていたのでしたっけ。

「考えても見ろ、裕次郎だって一人で千人は呼べるぞ、ひばりだって千人だろ、俺だって千人だよ。それにオミズだって千人だよな。千人力が四人で客を呼ぶんだ」

「四千人ですか？」

と、質問しようと思ってやめた。馬鹿すぎるからだ。後楽園球場でやるわけないもの。

案の定、

「ぎしぎしで五百人しか入らない。それも立ち見でだ」

客は立ち見で参列するわけだ。食事は……立ち食いなのかな？

「で、四人できっちり見極めた客を、選りすぐった。祝儀もって飛んで来てくれる御歴歴ばかりさ。ね、伊藤社長！」

伊藤さんは水原と面識はないはずだが、後ろでニコニコしていた。この人も出席だ。

そうか、みんな発起人の為にやって来てくれる義理のパーティーなのだ。

それぞれの発起人に恥をかかせられないぞと、花を添えに来てくれるわけなのだ。

「で、お前が司会だ！」

「えっ？」

もう私など見てないで、麻雀の方へ神経が向かってしまった。

もう何日も無いパーティーまで、打ち合わせなどきっと無い。何しろ勝さんにかかれば、セリフをきっちり覚えて来た役者を相手に、そのシーンの全てを、アドリブで演じようと言い出して、したたかな新劇役者が泣き出してしまった事もある。

箸にもかからず棒にもひっかからない演技こそが本当の芝居だろと、心に定めているのを知っておかないといけない。ハレ中のハレ男NO1だもんなあ！

パーティーなんて、なんで、式次第をなんでも決めちゃうの？　と、自分の結婚式の後で私に言った。「ありゃ式場の人間がやりやすいってだけだよ」と。

その時、出たとこ勝負の方が臨場感あって好きなんだなと、心が読めた。

ま、当日、早目に会場入りして対処すれば良いだろなとその場をそっと離れたら、

「なべ、これはな、オミズの為にやる花興行だからな！」

と背中におやじの声が追って来た。

御尤《ごもっと》も！

おやじは勿論、裕次郎さんだってひばりさんだってノーギャラだ。

「だからお前、司会料なんて！　判るな、判ったな！」

と言わなくても、すっかり勝のおやじさんの気持ちが判る男に為っている自分が居ました。

さて、大花興行当日です。

会場のクラブは溜池から行くと、右へ六本木、左は麻布十番方面に二手に分かれる場所で、十番に向かう道の道路傍の、なだらかなスロープを上って行った場所にありました。

午後一時スタートのパーティーですから、私は準備を考えて午前十時過ぎに参りました。

「アーラ、なべちゃん！」

店に入るやいなや妙齢の女性に声を掛けられました。それはニューラテンクォーターのおやじの係の女性でした。

ややこしいけど、この場合のおやじは水原です。

「あーら、どうも！」

こちらはおやじの係。勝さんのです。

判りました。今日のコンパニオンはゴージャスです。裕次郎さんを担当する美女もひばりさん御用のお姉さんも、みんな一流中の一流のホステス嬢ですから、ラテンでのランクを上から数えた方が早い売れっ娘姉さんが総出で、それぞれがヘルパーを何名も連れて、乗り込んでいたのです。一週間に何日も主人に付いてこの店に出入りしていた三年間、私はフロアに行かず、入り口のバーの止まり木で、コーラを目の前に置いて座っておりました。そんな私でも、仲良しな女性も出来るわけです。

「なべちゃん、これ食べなさい」

「これ飲みなさい」

とやって来ては、あれこれ色んな話をして行くのです。まだ自分の客の来ない仕事前の待ち状態の暇潰しには、手頃な気軽い相手だったのでしょう。繁盛中であっても、化粧室がバーの直ぐ外だった為、息抜きに一寸寄って声を交わして行く女も多かったのです。

特に言えば、この店のオーナーママが誰よりも良くして下さり、黙って気の抜けたコーラをバーテンに取り替えさせてくれたり、時には握手して「……！」と目線で「頑張るんだよ！」と気持ちを伝えて下さっていたのです。

下さるついでに言えば、私達が蔭口で言うこの「ラテンのおっ母《か》あ」は、その手の握り時に、必ず私に二千円を忍ばせて手中に残して下さっておりました。

とにかく会場には仲良し四人組の浪費に匹敵するだけの女性群が、今や遅しと陣形を整えて待機していたのです。皆んなも花興行だったと思います。

そこへ、大きなサングラス姿で、リラックスした風情で勝さんが現れたのです。

何たること、まだ十時を三十分も過ぎてはおりません。

厳さんがピッタリ張り付いています。

この人、驚くほど立派な筋肉で固めたマッチョマンで、日本人には少なかったボディビルダーでした。

おやじがパッとサングラスを外すや、どこにそんな俊敏さがあったかと思える程の素早さで受け取るのです。三年前に、こんな光景は一度たりとなかったのですから驚きです。

また、こうした人間がボディガードを買って出たりすると、勝新太郎のムードは炎上するくらい輝くのだからいやんなっちゃう。良く似合うんだからなあ、まったく。

シナトラが、ラスベガスを歩く時、こんなムードが風を吹き上げたろうなと想像したものですが、負けないカットで私の胸に残照のように焼き付いております。

一通り、会場のセッティングや、特設ステージを見て歩きながら、寄って来たラテンのかかりつけを片手で抱き寄せ頬っぺにチュウーだ。五十人は居る美女が、今まで見た事がない、役者勝新太郎の素面に目を見張っていた。

しらふの姿を知らないから。

「ねぇ、お前！」

と、花柄ドレスの娘を指した。

言われた娘が驚いて「私？」とでも言うように自分の顔を指差した。

「うんお前……」

と近づいて言った。

「あのね、何処に住んでんの？」

「愛宕です」

「そうか……」

と言ってGパンの尻ポケットから、二つ折りの財布を出して一万円抜いた。

「お前、真っ白なドレスあるだろ、時間あるからそれに着替えておいで！　折角の美しい顔が死んじゃうよ。今日はいい客ばっかりだから、白にしたら白雪姫だぜ。王子様が今日できるから！　さっ、早く行って来い！」

去って行く背に拍手が起こった。

「なべ！」

一歩、後ろに控えて感心していた私は気を付けした。

「頭のセレモニーは簡単だ。出は裕次郎からで、ひばりが乾杯だ。それでスタート、半《なか》は行きあたりばったり、最後はオレが締めてオミズが謝辞」

黙って敬礼をした。

「みんな頼みます！」

大声にフロアの全員が拍手で応えた。

接客し慣れた店のボーイもニューラテン美女軍団も、満ち満ちたやる気が、清々《すがすが》しい英気を放ってホール内に集中し始めていた。

私も修業中の身なれど、ジャズ喫茶や結婚式の司会で場馴れて来ている成果の見せどころだと、勝負を賭ける決意を固めた。

どんな時でも、私は緊張しない。心の底から身震いするほど喜びが湧いてくる。

もともと、脳の一部が壊れているのだろう。下積みの人間には、こうしたチャンスを有効に生かすしか道はない。私にとっても「ハレの舞台」だった。

願ってもないビッグパーティーでの大チャンスなのだ。お客もお客で、みんなビッグで、しかも遊び好きなハレ人間ばかりだ。

「堅苦しい奴なんて、誰も呼ばないから」

勝さんらしい見識で、そう押し通し、表ばかりか裏だって招待したらしい。堅気でない方の祝儀の切り方は半端ではないからだ。

どこにどんな客がいて、「あれ、いいね！」なんて認めてくれるか判らないのだ。だからハレ稼業にはプライベイトはなし。

いついかなる時だって、どこで誰が誉めてくれるかしれやしない。私もハレ世界の人間だから、この頃も今も雀百までで変わらない。だから私みたいな者でもこの時は正直、四人の内の一人でもが、「なべ、いいね」と言って下さるように臨機応変にやってみせようと血気にはやっていました。

だって、本物達に認めてもらいたいですからね。本当に、こんな恵まれたチャンスって、そう無いですから。

「おれが歌うから、裕次郎、お前、ドラム叩けよ！」

機嫌良い水原弘の低音声が、ステージ中央からスピーカーに弾け飛んだ。

「おおっ！」

フロアに広がる賓客が響動《どよめ》いた。

五百人を超える人間の目が、今、開会宣言をしたばかりの裕次郎さんに注がれた。

白のシルクの上下にブルーのネクタイ姿の雄姿がいっそう映画の主人公を連想させたのだ。

裕次郎、ドラム、と言えば『嵐を呼ぶ男』なのだ。

〽オイラはドラマー、堅気でないドラマー
と歌声にのって、潰された指の痛々しい繃帯姿の裕次郎が、誰の胸にも去来した。

「おおっ！」

は、その反応だった。一億総認知のヒット作なのだ。

勝新太郎の白の上下も惚れ惚れするほど、似合っていた。

白のドレスにピンクの刺繍の入ったひばりさんが中央に居た。

今、乾杯の発声を終えたばかりで、まだ片手にはシャンパングラスがあった。

それは面白そうねとでも言うように、横に並んでいる裕次郎さんを見つめた。

ステージ後方には水原弘の専属バンドだった松田運とブルーソックスが、何の曲が来ても腕をふるってみせるぞと言わんばかりに、白タキシードで居並んでいた。さあ、何が起こるんだと客は心をふくらませた。

たった今の今、

「今日は無礼講で行くぜ！」

と裕次郎さんが言ったのだ。

「無礼講」こそはケの世界からの脱出の免罪符なのだ。みんなが、この時も、

「うおーぅ！」と声を上げたのだ。

ハレの世界への突入宣言だった。これで全員がハレ化しちまったって訳だよね。

「そうね！　何が飛び出すか判らないから、皆さん充分楽しんでね！」

高らかに「ケラケラ！」と、ひばりさんは楽しそうに笑った。

全ての人達に晴れ晴れとした気持ちが伝播した。ハレバレの世界にようこそ！　だった。

前年十月のキューバ危機も、ケネディもフルシチョフもカストロも、ケの世界へおいてけぼりで、正月呆けをぶりかえしていた。

追い討ちをかけるように勝さんの野太い声が響いた。

「肩の力、抜いて行こう――！」

そして、裕次郎さんの横に移って、

「て、事で、じゃ、オミズの為に！」

と、三人揃い踏みで、もう一度、

「カンパーイ！」

となったのだ。

その時だ。この時なんです。

後ろで、嬉しそうにしていた水原弘が、

「おれが歌うから、裕次郎、お前、ドラム叩けよ！」

と叫んだのだ。

で、どっと来たのだ。

そしてみんなが、待ちの心で息を呑んだ時だ。シーンとした瞬間、裕次郎さんは片手をズボンのポケットに入れ、脚をわずかに開いてマイクの前に立った。

「小僧！」

小僧、と、聞こえた。

「お前に、お前呼ばわりされるおぼえはねえよ！」

実に静かな声だった。

気張りも粋がりも無かった。

「小僧だぁ！」

小僧とは何だ、俺だって小僧呼ばわりされたかねえよの、水原だった。


話は、これだけです。

これでお終いです。

「おい、兄弟！」

勝さんが後を追いました。

「一寸！」

ひばりさんが二人の後を追いました。

ほんとうに、怒りの顔もみせないで、裕次郎さんが出て行ったのです。そして二人が出て行って……。

水原も、間髪をいれず出て行きました。

話は、この後、判りません。みんなは、こんな芝居なんだと思って待ってました。十分で大パーティーは終わったのでした。主役はこれきり帰って来ませんでしたから、私もいいかげんで帰ったんじゃありませんかね。

私、この後の事、記憶に残っておりません。

本当の話です。

——四人の将軍様に大合掌——

第二章

本物 ニセ者 エセ者

安倍晋三
安倍晋太郎
白洲次郎
落合博満
五木ひろし
王貞治
池永正明
尾崎将司
片山康
輪島
江藤慎一
青木功夫妻
野村克也夫妻
三條正人
小野ヤスシ

「なべおさみ後援会　名誉会長」

「急ですが、明日、家へ来ませんか。母も待っております」

土曜日に入って来たメールに、気持ちがいっぺんに明るくなりました。

丁度、月曜日に会う方の名刺をファイルで探しているところでした。

妻と話して食事の終わった時間に行こうと決めました。すぐ折り返しのメールが来て、その時間は兄の家族が見えるのだと判りました。

すぐ電話に切り替えました。

「もしもし」

「あっわたしです」

あの方の声だった。

即刻午後四時の訪問が決まりました。

これも不思議な話ですが……。

これを遡ること一ヵ月ほど前、息子なべやかんが出るテレビ番組でもう二十四年も前の明大事件の、いわゆる〝しくじりと反省〟の放映がありました。この時、思わぬ人からメールが届きました。

「妻と見ていました。メールを送りたくなりました。一度お会いしませんか」

名古屋の伊藤秀雄さんからでした。


そしてお会いしましょうと、約束の日が決まりました。月曜日の夕刻と。

この人との出会いは変わっておりました。

少し前まで、私は大相撲名古屋場所の打ち上げの日、八角部屋の「千亀楽《せんしゅうらく》パーティー」の司会に毎年七月に通っていました。ある時、ホテルナゴヤキャッスルの会場のルームに入って行くと、準備の方が私を見て走って来て、

「ここじゃありませんよ、八角さんは向かいの部屋です」と教えてくれました。なんとそこは、大島部屋だったのです。元大関旭国の大島親方の。私は北勝《ほくとう》海《み》の八角親方の方でした。全てを終えて帰宅の途に着くと、新幹線内で、親切だったおじさんを発見しました。

この時に名刺を交わして、以来、年賀状を送っていたのでした。たしか名刺には「大島部屋中部地区後援会長」とありました。後はいっぱい会社をやっていた記憶がありました。

それだけの事でしたが、その伊藤さんからメールを頂いた為にお会いする事になったのです。考えると、これが実に不思議な縁なのです。土曜日の昼間に急に思いたって、月曜日にお会いしますから、もう一度名刺など見ておこうとファイルを取り出したその時に、あの方から突然、メ

ールがあったのです。

平成二十七（二〇一五）年九月の初めですから、自民党総裁選も風雲急でありました。野田聖子さんとの一騎打ちの様相でした。国会の方も安全保障関連法案に関する採決にむかって、騒がしい時でした。

その、ほんのつかのまの時間を、私などに割いて下さるあの方の気持ちが、嬉しかったです。

そして明日、日曜日の約束が決まって、電話を切りました。ファイルから名刺は直ぐ見つかりました。

取り出して、改めて見つめ直しました。なな何と、多くの伊藤さんの肩書の中に、まったく何とした事でしょう。あの方の「……中部地区後援会長」の文言があったのです。伊藤さんは、電話を直接あの方に出来る人でしたたし、メールも即返がある立場を有している人だと、後で知りました。私も、そうした忌憚《きたん》ないリレーションの絆を結んでいるなどと、お互い知る由もない中で、食事を御一緒する約束をしていたのでした。

私達一家があの方のお宅に伺うのは、実に久方ぶりでした。私どもが起こした不祥事から、私が御遠慮申し上げておりました。それは、二十四年の月日の流れだったのです。しかし、何かとあの方に私は相談にのって頂き、事務所のアドバイスも受けて今日まで来ています。

事務所（議員会館）はともかく御自宅は敷居が高かったのでした。

それが突然のメールで、日曜日の寛ぎの中にお邪魔する機会を与えられたのです。子供達と訪れていたのは若い日々でした。

「先生の家にはいかない」

と子供が先生のお宅の年賀を拒否したのは、先生が農林大臣になり閣僚の地位に連なり、お年玉を出せずチョコレートに代わった翌年からでした。子供は子供なりの想い出の中で、お宅に入りました。多くさんの秘書やSP《エスピー》の皆さんの迎えを受け部屋の玄関を一歩入ると、驚くなかれ昔日のお手伝いさんが母上様と共に招き入れて下さったのです。妻も大喜びでした。

私達は父上様の仏前に額《ぬか》ずきました。

その昔の、長い先生との想いが去来してきて、目頭を熱くしました。

私は、明日、名古屋の伊藤さんと食事を致しますと、あの方に申し上げました。

「あれ？　父に紹介されてた？」

「いえ、これがね……」

と、母上様にもお話しし、こんな出会いや奇縁は、父上が仕組んで下さってる絵図としか受け止められないと申し上げました。

もう一度線香を手向けて、感謝を致しました。家を辞する時、あの方の後ろから、私の名誉後援会会長の先生が、大きな眼鏡の奥の目を細めて見送って下さっておりました。

平成三（一九九一）年五月一日　なべ蟄居閉門

平成三年五月十五日　安倍晋太郎先生　逝去

今もって先生は、私を見つめていて下さり、そして、伊藤秀雄さんを御縁の糸に結んで送って下さったのだと、あの方にも感謝して一日を終えました。

人生は、実に嬉しく楽しい。

――改めて名誉後援会長に合掌――

よっ！　日本一！

やっぱり人間にも本物と偽者と似非者の三種類があるのですね。

昭和二十八（一九五三）年、銀座にオープンした日本最初のジャズ喫茶、「テネシー」のオープン日の客席で、丸坊主の中学二年生の私に優しく接して下さった隣席の紳士が、私に教えて去って行った言葉が、今でも私の「物の見方の尺度」なのです。

「物にも、人にも、三種類ある。一つ、本物。二つ、偽者。三つ、似非者《えせもの》。これを見分けられる人間に成りなさい」

その方が、終戦時の影の日本国の守護人、白洲次郎さんでした。

私は以来ずっと、この物差しを基本としてすべてを三つのジャンルに分別しているのです。

この本に名前を出している方は、私が本物と判別している人々です。名前が世の中に通っている人も、単なる一市井人であろうとも、私が本物だと思わされた人ばかりです。

私の人生の中で、たった一度しか深交の無い方だが、私には深い深い人生の指針を受けとらせてもらった方がおります。

それが、落合博満さんです。

皆さんがよく御存じの野球界の宝です。

昭和五十七（一九八二）年、落合選手が史上最年少で三冠王に輝いて、世間をあっと言わせました。さして体軀に勝れたわけでもなく、鳴り物入りで球界入りした寵児でもなかったからです。

東芝府中の実業団野球から、ドラフト第三位でロッテ入りした時、スポーツ記者の目を引く何ものもなかったのでしょう。

昭和五十四（一九七九）年ロッテ入り当時の監督は山内一弘さんです。打撃の職人と言うべき安打製造選手でしたから、持論のレベルスイングにすべく、アッパースイングの落合選手のフォーム改造に着手したのは当然でしたでしょう。

監督そのものが打撃の名人でしたから。

落合選手は、これを良しとしなかったのだと私は思います。「ホースで水を撒く感じで打て」とアドバイスしたようです。後々に落合選手は「高度な理論で理解出来なかった」と言っていますが、これは違うでしょう。二十五歳の彼には、自分で培って来た野球が、しっかり養われて来ていて、今更バッティングフォームなど変えたくないと、強い反発とそれを支える自身の考えが確立していたのだと思います。

とかく名人は、人を見くびるものです。

己の技術が抜群に優れていれば、名人の位に達します。万人に一人でしょう。

しかし、名人にはまだまだ欠けているものがあります。それが心です。

心、技、体で言うなら肚です。

これを備えた人が、名人の中から抜きん出て存在して来るのです。

それが達人です。


入団時のエピソードで有名なものに昭和五十三（一九七八）年まで監督をしていた金田正一さんとの話があります。

キャンプを視察に来ていた野球評論家たちは、口を揃えて落合という新人を酷評したそうです。特に前監督だった金田さんは、面と向かって貶《けな》したそうです。恐らくカネヤンの事ですから単刀直入、傍若無人、問答無用、で捲《まく》し立てたのでしょう。

「何じゃお前のバッティングは！　そんなの、プロで通用するか？　すると思ってんのか？　アホじゃお前は！　アマチュアに帰って三振しとれや！　ここはプロ野球じゃからな！」

ぐらい……もっと酷い叱責……ですか。

正直、落合博満さんは、

「俺は社会人もやってプロ入りしたから、何ともなかったが、もし高校出の若い選手があんな偉い人からプロに入っていきなり言われたら、潰れるだろう」

と語っています。

事実、二年目には「将来、たとえ二〇〇〇本安打とか打てたとしても、名球会には入らない」と断言しています。そして、二〇〇〇本を達成してもそれを実行していません。入りませんでした。

彼は三年目にはオールスターゲームに初出場を果たしていますが、パ軍監督の西本幸雄さんをして「これから先、十年、十五年、日本プロ野球を背負う男だ」と言わしめています。こうした成長を手助けした人も、忘れてはなりません。入団して落合選手が着目したのは、山内監督の理論ではありません。

ベテラン捕手の土肥健二さんでした。

とてつもなく柔らかいリストの使い方で、ボールを弾き返すフォームが心を捉えたといいます。さらにチームには今まで見た事もなかった、上手いボールのとらえ方をする得津高宏さんが居ました。彼は左バッターですが、落合選手の目には、愁眉を開くヒントを会得させてくれたのです。

そしてチーム内で味方となって力付けてくれるコーチがおりました。それが打撃コーチの高畠康真さんでした。入団翌年の昭和五十五（一九八〇）年、ロッテに移籍して来た張本勲さんに引き合わせてもらいバッティングを見てもらったのです。

「これは良い！　素晴らしいよ！　このままのスイングで打てる！」と絶賛したそうです。レベルアンドアッパーの第一人者が言い切った事で、どれほど落合選手の励みになったかしれやしません。

張本さんも一家言ある名人ですが、やがて達人となって行く人だけに、心の広さや深さが違います。達人こそが本物なのです。名人はまだ発展途上人なのでしょうね。

高畠コーチからは「球種を読むテクニック」を教わったと明言しています。隠れた達人も、こうして世にあるのです。落合さんの幸運です。見抜いた人も見抜かれた人も本物でした。

やはり本物の人間に出会う事が、人生では大切だと言えるのですね。

私が落合さんに出会ったのは、一人の歌手のお蔭なのです。それが、現在の歌謡界を、北島三郎さんから引き継ぎ第一人者となった、五木ひろしさん、その人です。

落合さんの話をします前に、五木さんとの関係をお話し申しましょう。

ある時、それは所属していた渡辺プロを辞めて七転八倒していた頃です。

私は昭和四十九（一九七四）年に後ろ楯を失くし、捨て身の芸能界活動を再スタートさせていました。

五木さんも鳴かず飛ばずの歌手生活を昭和四十（一九六五）年にスタートさせ、不遇時代を経験しています。私はその一年前のデビューでした。昭和四十六（一九七一）年三月五木ひろしへの改名、生涯の師たる作詞家の山口洋子さんとの出会いから、所属事務所社長となる野口修さんを知るのです。

そして、「よこはま・たそがれ」からスター街道を直走《ひたはし》って来た事は、皆さんの知るところです。

昭和五十二（一九七七）年、師匠たる山口洋子さんの懐から飛び立ち、ついに昭和五十三（一九七八）年、独立。

背水の陣の中で、独立後「おまえとふたり」を、第一弾として出しました。これが九〇万枚を超す大ヒットを記録、作詞も作曲も自身で選んだ、新たなる再出発は「吉」と出ました。

五木さんの凄いところは、自分の目で「良し！」とした事に、一直線に向かって行くところです。一見、ひ弱に見える若者でしたが、実は根性の据わった印象とは真反対の人間でした。

しかし、優しい。

人が何と言おうが、自分の意見や考えを大切にします。後年、五木さんの故郷福井の里に行きましたが、美浜町と三方《みかた》町（現・若狭町）にまたがる三方五湖《みかたごこ》は実に穏やかな景色に富んだ土地です。彼の人柄の静けさは母親ゆずりと思われますが、鉱山技師だった父親からも才能を受けたのでしょう。鉱脈を追った人々は古来から、秦《はた》一族の手の者で、渡来系の技術者集団です。従って、渡来人としてのユダヤ系の血を色濃く引いているのでしょう。エンターテインメント集団として日本の中で娯楽集団を形成して行ったのも秦氏の集団の功績です。五木さんは、そうした血の流れの上で開花した現代人だと、私は考えています。

さて、ある日、に戻ります。

「僕の芝居に出てくれませんか？」

と、青山通り絵画館前にあった、五木プロに呼ばれて言われました。

私は愕然としました。

と申しますのは、私は渡辺プロ時代に、社長命令で、森進一をメジャーにせよと奔走していた過去があるのです。芸能界には厳然としたライバル同士の戦いが存在しているのです。例えば「三波春夫と言えば村田英雄さんだ」。こう言ったら村田シンパは怒る。

「村田英雄と三波春夫だろう！」とね。

一九七〇年代から、森進一対五木ひろし、五木ひろしと森進一は、好敵手として歌謡界を引っ張った人気スターだったのです。

それが、森進一を紅白に送り出し、正月の浅草国際劇場の舞台を二人で踏んで来た私です。憎つくきライバルだと腕組みしていた相手でしょうに。私は、五木さんの言葉に驚いたのでした。

「私は森進一と歩いていた男ですよ！」

私の思っている事を口にしました。その時、五木さんはこうおっしゃいました。

「なべさん、それは過去。今、僕があなたを必要としているんです。僕は必要とする人としか舞台をやりたいと思いません」

こうして私は五木さんの舞台やテレビの時代劇等に出させて頂く経験を重ねさせてもらいました。

ある日、これもある日です。

「ゴルフに行こうよ！」

仕事を離れても仲良しになっておりました。まだお母さんと暮らしていた田園調布のお宅に行って、コレクションの時計を寝室の宝石箱から見せてもらっている時です。

「お祝いに招待するんだよ。一緒にやろうよ！」と言われたのです。

お祝いとは三冠王を取った「お祝い」でした。それが落合さんとの御縁でした。

ですからこれは、落合さんが昭和五十七（一九八二）年に、史上最年少で三冠王に輝いた年のシーズンオフの事です。

「流石は五木さんだな」と思いました。

一流に名を為した芸能人は、スポーツ選手の明日の大スターを可愛がるのが常でした。例えば石原裕次郎さんは、長嶋茂雄選手を、

「シゲ！　シゲ！」と。

美空ひばりさんは、横綱輪島関を、

「ヨコヅナ！　ヨコヅナ！」と。水原弘は大関北葉山でした。

入団四年目とはいえ、本来なら初初《ういうい》しいであろう若武者が、正直、そうは感じませんでした。

これも正直な話ですが、そう思ったのはルーキーイヤーの当初からで、プロ入団が遅い二十五歳でしたから、恐らくあらゆる野球関係者が、「こいつは、たいした事ないや！」と、決めてかかっていた気がします。初々しさよりふてぶてしさが目立ったはずです。

会って判った事ですが、喋りにも秋田訛があるせいか、口数が少ないのです。

私は、師匠のハナ肇の母親が秋田弁でしか話せない人でした。耳に馴染んでおりましたから嬉しかったくらいでした。

時々発する言葉は、頑《かたく》ななくらい落合魂に富んだものでしたから、「可愛くない！」の反発を食らったのでしょう。どんな人が何を言おうが、どう評しようが、落合選手は動じず、私見を述べるのでしたから、マスコミはこれを面白がって脚色し、読者が、

「生意気な野郎だな！　落合ってのは！」

と受け取るように仕組まれていった気がします。中には、正当な落合博満論を展開してくれる人もあったのですが、流れそのものが逆に流れていたのだと思えます。正当論で棹させども流れは変えられませんでした。

三冠王に輝いたのに、野球評論家の豊田泰光さんは落合選手に対して、

「こんな成績は三冠王のレベルではない！」

と言ってのけるのです。

昭和五十七年は投高打低の年でしたから、立派にナンバー・ワンだったのです。

落合談「三冠王になったこともないような人に、言われる筋合いはない」

立派なもんです。が、報道はそうは見ないで書かれ喧伝されていったのです。

これは豊田さんの名誉の為に言いますと、後日譚がありまして、昭和六十（一九八五）年、落合選手が再び三冠王に輝くと、豊田さんは落合選手に詫びまして、落合夫妻をハワイ旅行に招待したのです。

これ又、さすがのふるまいです。名将三原脩監督の秘蔵っ子だけに、名人から達人に至った人なのでしょう。水戸っぽです。裕次郎夫人北原三枝さんも水戸の子。

嬉しい話です。

しかし五木ひろしさんが招いて、シーズンの慰労をし、祝福したゴルフは私と三人でしたから、落合選手も、少し気を抜いてプレーを楽しんでいました。

「アレレ！」

「アララ！」

の連続で、結局、五木さんや私に一万円を負けて払わされました。

この時、一枚一枚、お札に「三冠王、落合博満」とサインをしてくれました。

このプレー後の一時間は、実に私のそれからの役者人生の基本的思考を、根底から覆させ一新させる珠玉の時間となったのです。

「あなたが、三冠王になれたのは、何が原因ですか？」

唐突に私は聞きました。

「……？」

と、落合選手の目が光りました。

「驚くほど体格に勝れているわけでもなく、極く極く平凡に見えるあなたが、非凡の成績を残せた不思議を聞いているんです。どこが、三冠王の秘訣なんでしょう？」

「ふん、ふん！」

五木さんが身を乗り出しました。

実に不思議な光景ですが、功なり名遂げた人間二人の目が、少年のような澄み切った輝きでじっと動きを止めて見つめ合ったのです。黒眼は光って、青空のような白眼の中央で留まっています。

五木さん自身も、落合選手と知己の仲だからこそ、こうしてゴルフに誘ったのでしょうが、三冠王を手中にする等とは思ってもみなかったのでしょう。世の中の誰もが、何故？　の疑問は絶対にありました。

私はロッテファンでもなかったし、セ・リーグ好き巨人ファンでしたから、落合選手への知識も意識も薄かったのです。しかし、三冠王は驚かされました。

まさに、名人の域に達した本物だけが受けられる栄光ですから。これは一時の好調で手にする事など絶対にない、野球の中の「神の領域」なのだと信じていました。

それを達成させる、落合選手なりの工夫と努力を聞きたかった私でした。

ところが、その思いは五木さんも同じであったとみえて、一瞬で様相が変わってしまったのです。あの穏やかな面が引き締まり、唇は固く閉ざされました。

落合選手は、テーブル中央に両肘両手を突き、身を乗り出しました。

三人の顔がテーブル中央に集まりました。小さな声が洩れて来ました。

「五木さんもなべさんも、野球選手じゃないから、本当の事を教えちゃいましょう！」

五木さんの身がいっそう固まったのが判った。私の身とて同じだ。

「私はね、自分の身体に、シーズンオフだって教えないんですよ」

「……？」

「……？」

「野球をやっているうちは、野球を三百六十五日やっているんです。一日も野球の無い日はありません。今日、私、お二人に負けたでしょう！　私、ゴルフやってません。野球やってたんです。引退したら、一年でお二人を負かしてみせますよ」

ゆっくり、ゆっくり、野球は止まっているボールを打つゲームではないこと、だから現役中にそんな事にうつつをぬかしていたら、野球が壊れてしまうから、一日たりとも野球から自分を離してはならないのだと話してくれました。

だから、まず今日は、多くさん歩いて体も捻転《ねんてん》出来て良かった。でも家に帰れば、毎日決めているランニングとバット振りを、きちんと履行しなければならないと語ってくれたのです。

そうか、この人は常に用意しているのか！

何時如何なる出番がめぐって来ようと、体も心も既に万全の態勢を整えているのだ。

つまり、常に臨戦態勢で、野球を生きているのだ。

「構えあれば憂いなし」……今ならイチローさんだ。

それを念頭に置き、四六時中を野球と共に生きていると断言した。

「私なんかより優秀な選手は、山ほど居ますよ。でも、休みは休むんです。ゲームが終われば遊ぶんです。オフには野球を忘れて過ごすんです。一月休んだら、元の身体を取り戻すのに三ヵ月以上掛かります。だから私は、一日たりと身体にオフだと教えないんです」

「……！」

五木さんの唇が更に嚙みしめられて私を見た。そして目が少し笑った。

「どうだ！　今日来て良かったろう！」

そう言ってさらに目が細まったように思えた。

私達は言葉が出なかったがお互いに、同じ理解に心がわなないていた。

あれは落合さんが二十九歳の時。

五木ひろしさん、三十四歳。

私、四十三歳だった。


落合哲学は、野球に限ったものではないと思った。役者にあてはめて考えてみた。

台本を手にしたら八百屋の役だった。

「さて……困った。近所のスーパーに行ってみようか……」では駄目なのだ。

日々毎日の生活そのものを、役者としての感性を研ぎ澄ませて生きていれば、知りあう人々の中に必ず八百屋さんの一人や二人は、存在しているのだ。その人に、年に一度でも年賀状のやりとりを続けていたならば、電話いっぽつで答えてくれようし、お会いして話も聞かせてもらえるというものだ。

私は落合博満さんとは、それきり個人的には交際はありません。ですが、年賀状は出し続けています。

私がこの時受けたカルチャーショックは、中学二年で受けた白洲次郎さんに値する、大きなものでした。

私自身は、人知れず厳格に守り続けている一つの生き方がありました。

それは、「我が人生に酒無し」です。

絶対に身体に酒を入れないで、人生を構築しようというものです。

今では家訓として我が家に存在しているのですが、落合選手の話を聞かされた時、絶対に全神経は、何をしていたとしても役者として、働かせて生きていよう、生きて行こうと心に誓ったのでした。

「鉄は熱いうちに鍛えよ」はイギリスの諺です。四十歳代の私に、もう一人の私を生み出させ、その私が、常に「ほれ、心に留めておけ！」とか「ここは、我慢だぞ！」と叱咤してくれるように造り替えてくれたのが落合さんです。お蔭なのです。

身の内に、

「よーし、休みだ！」

と教え込む、引きずり込む、最大の甘誘《かんゆう》大魔王は、「酒」でしょう。


私のようなボンクラに、いたたまれぬくらいの大衝撃を与えてくれたのですから、御一緒するチャンスを作ってくれた五木ひろしさんが、落合発言を見逃すはずはありませんでした。

ゴルフをした何年後か、新橋演舞場の正月公演を五木ひろし座長として挙行いたしました。そこに私は出演させてもらっています。そこで、私は声を呑んで驚きました。

私は芝居に出ていますが、公演はショウとの二本立てです。急いで着替えてメイクも落とし、高い席からショウを拝見したのです（この場合、高い席とは一階の値の張る席ではなく高い所の三階から見る安い席）。

このショウは「歌舞奏」と題されていました。驚いた事に歌だけでなく、本格的な日本舞踊や、琴、三味線、ギター、と、美事な芸を見せたのです。

あれだけ忙しい人が、よくこれほど手間隙《てまひま》掛けて鍛練出来るなぁと感心しながら、あっと、思いついたのです。

そうです。落合選手と遊んだゴルフの日から、五木ひろしさんの歌手魂に火がついたのだと納得しました。

恐らく、一日として歌手道から外れる事の無い努力を積み上げて、そうして、本番の日を迎えたのだろうと思います。

この年、落合博満選手は、二度目の三冠王に輝くのです。

名人と名人が、あいまみえたゴルフに、私みたいな者が挟まっていた幸せは、生涯の宝です。

そして二人とも達人になりました。宝と言えば、あの一万円札、額に入れてしまってあるんですが、探してみようかな。お宝だもんねぇ。

訳の分からぬ話

電話が入った。

久しぶりに聞きなれた声が耳元でした。

不思議なもので、一瞬で心が和む声というものがある。この人がそうだったが、久しぶりというのは私の勘違いで、直接電話をもらったのは初めてだった。

聞き馴れているのは、テレビの声に長いこと接して来たからと、青春の一時代を共有したページを持っていたからだ。それからお互いの人生で度々接点を持っていたのも事実だが、それだけの事で、それ以上の何物でもない存在だった。ただ私は、この人が好きだったから年賀状は欠かした事がなかったが。

「王です」

「?」

やはり、本当のところは「?」と思った。それが正しい。

王なんて名はそう無いから、直ぐ王《わん》ちゃんだと思い至る。

それでも、それまで、王さんからの電話なんて無かったから、少々の疑問を残しながら相手の

出を窺《うかが》った。それを察してか、

「王、貞治です」

「あっ王さん！」

私は正直、「ワンちゃん」と言うほど親しくはなかった。

相手が国民栄誉賞第一号受賞者だから、「王さん」なのではない。ワンちゃんと言う程、彼の為に生きた歴史が無かったからだ。

王さんという人は、私も程良くつきあって来たから、私がワンちゃんと呼んでも嫌な顔をする人ではない。それを知っているからこそ、私は「王さん」だった。

「一寸、お会い出来ませんかね？」

「……？」

「少し、お願いしたい事がありまして……」


これが平成十八（二〇〇六）年の暮れも押し迫った十二月の二十八日の事だった。

早速、翌日に会う約束が出来た。

ところが携帯を切るやいなや、悲報が飛び込んで来た。倉敷の友人で、私に殊《こと》の外良くしてくれる神原裕次郎から、家が丸焼けしちゃったと伝えて来たのだ。この人間は、平成三（一九九一）年の明大事件で私が失墜していく中で、さりげなく私に助力してくれた良き天使なのだ。飛んで行かないわけにいかなかった。

すぐに新幹線に飛び乗ったが、とても日帰りは無理だった。とすると、王さんとの約束に間に合わない可能性が出て来た。

「これは王さんとは会うなという、天の差配かな？」

私は無信心な人間だが、不思議と、「天」というものを信じて生きています。宗教にも宗派にも属する気持ちの皆目ない私ですが、一寸、おかしいかもしれませんが、「天」から啓示を受ける事が多いのです。

焼け跡に裕次郎夫妻と立ち尽くしていて、王貞治と胸に浮かべたその時、全身に衝撃が走った。

「直ぐ、今直ぐ連絡しなさい」

と啓示が脳裏を突きぬけた。

王さんが出た。到底二十九日は無理なので、三十日はどうですかとお願いした。

私の空いてる時間は午後三時から六時までだった。この時の言葉が今でもこの身に残っている。

「いいですねぇ。私も丁度、その時間しか空いていないんですよ」

王さんの言葉に救われて、その夜は裕次郎夫妻と仮家に泊まって話す事が出来た。

年の瀬に丸っぽ家を失った夫婦の明るさに、年越しであくせくしている私が逆に励まされて帰って来た。

帰りの新幹線で思った。

「何故、天は、今日会う予定の王さんとの約束に水を差すように、裕次郎に災難を与えたのだろうか」

王さんのお願いというのは何なのだろう。そのお願いは天が望まない事なのだろうか。だとすれば、あの火災現場での啓示があるわけはないのだ。やはり私と王さんを結ぶ線の中で、二十九日は凶日だったのかもしれない。私と王さんのスケジュールがぴったり一致していた事からも、二人にとって三十日こそがこの年最大の吉日なのかもしれない。

この頃私は、自分の一年の一日一日の吉凶について知り得なかった。今は古来からある「哲理姓名学」の継承者・吉野統一郎さんの力で、一年のカレンダーに吉凶を示してもらっております。毎日毎日、毎月毎月を参考に生きています。

天は王さんの吉凶も私のも全て承知の上で、私達が何も判らず二十九日に定めたのを、三十日にする為に、裕次郎に電話をかけさせたのかもしれないと、私は思い至った。


平成十八（二〇〇六）年十二月三十日　午後三時

約束のホテルニューオータニ内のサウナは、さすがに人の姿が無かった。

王さんの要望で、余り人目につかない場所で会いたいという。ここは会員制のサウナだし、暮れも押し迫っていたから、コーヒーラウンジも人っ子一人居ない。

王さんは先に来てテーブルに着いていた。私達は王さんが現役時代に、実に親しく交際があった。私も忙しい時を過ごしていた時代だが、仕事の終わるタイミングが合えば、必ず寄る場所があった。そこは青山のレストランで、試合の終わった王さんが必ず寄ってから家に帰る場所だった。

遠征に出ていないなら、王さんはきっと寄っているからと、私なんかも度々出掛けた。そこは王さんの贔屓の一人で、同じ年代の理解者だった柴田良三さんの考案で出来た、王さん用の部屋だった。

女性用衣料品の「アルファ・キュービック」という会社の社長だった柴田さんは、元々がVANの社員だった。そこから身を立てた立志伝中の男で、私達の間では「お柴《しば》」で通っていた。この男が表参道をずんぬけて青山通りを通り越した辺にビルを建てた。そこの地下がレストランで、その奥に隠し部屋風のスペースを作ったのだ。それが王貞治ルームだった。お柴の心尽くしだった。

王さんは野球にのめり込むタイプで、家庭は恭子夫人に任せきりだった。三人のお嬢さんの為にも、試合が終わって帰ってからの時間に、「プロ野球ニュース」を観るようなことは、避けたいと、日頃言っていたのだ。

しかしそれを見るのは、彼の日頃の大切な仕事の一部なのだった。だからといって家にまで野球を持ち込みたくは無いと言っていた。そしてビル建設と同時にお柴のアイデアは、王さんの為に実行され、そして王さんはそこで、ハンバーグステーキを食べながらプロ野球ニュースを観ていたのだ。

そうしていた期間は、そう長くはなかったと思う。何故ならある日、試合が終わって例の食事をしながら、王さんがポツリと私に言ったのだ。

「今年でやめようと思う」

私は正直驚いた。

近々出た『もっと遠くへ』(王貞治著、日本経済新聞出版社)が王さんから送られて来て、大打者王貞治の引退が昭和五十五(一九八〇)年であったかと想い返した。シーズンが十月二十日に終わっていたのに、引退発表が十一月四日であったから、その間は強烈な引退ひきとめの話し合いが巨人側からあったのだろうと、私なんかでも推察出来る。それは長嶋茂雄さんが六年間の監督生活に別れを告げると、先手を打ってしまったからだ。

長嶋が消え王が居なくなった巨人では、読売新聞も報知新聞も巨人軍も、光が失せる。なんとか形だけでも残そうと、王選手の引退を思いとどまらせようとしたのでしょう。

「なんでやめるの?」

まだ秋だったし、シーズンも残っていたからびっくりしたのだ。

ポツリと王さんが言った。

「入った！　と思ったボールが、フェンス際で捕られているんだ」

私にもその苦渋が判った。

後ほど述べるが、ジャンボ尾崎との一年八ヵ月の苦しい時の過ごしがあったのだから。

「ナイスショット！」

実に気持ちの良い快音と共に、少しも乱れのない豪快なスイングで打ち出されたボールは、フェアウェイのど真ん中を、勢いよくころがって行く……と思いきや、林の頭上を突っきり視界から消えた。

「入った！」

王さんも場面が違うが同じなのだろう。

それだけの手応えは、身体が知っている。球の下半分を真芯に捕らえた、高く飛距離の出る打法のホームランか、球全体の中芯を捕らえて弾丸ライナーでのホームランかは、バットが球に当たった瞬間に王さん自身が判断出来ていたはずだ。

「入った！」は「ナイスショット！」なのだ。そのどちらの判断も、結果として判断ミスであったなら、ジャンボも王さんもどのような感覚を持つのだろう。まだまだ若かった。

当然私なんかの素人考えでは、ありきたりの言葉が出てしまう。

「まだまだ出来るじゃない！　引退なんて言うなって！」

でも、私は言わなかった。私は野球の専門家でもありはしない。王さん自身が一番知ってるのだ。ジャンボに対しても、彼が「こんなはずはない！　こんなわけがない！」「どうして真っ直ぐ飛ばないんだ！　どうして曲がるんだ！」と自分自身に言い続けながら、黙々と打ち込むのを、側で黙って見ていただけだった。

私はこの時も黙って待っていた。

黙々と食事を終え、コーヒーに手が行った時、王さんが話した。

「球を打つ瞬間ね、身体の三つの処に力が入るんですよ」

私は自分のカップを置き、王さんの目を見つめた。

「一つ、奥歯、二つ、へそ下丹田《たんでん》、三つ、尻の穴。ここをぐっと締める」

私は頷いた。

「ボクの奥歯は、もうボロボロですよ」

そうか、ぐっと嚙み締めた歯が、嚙み締められなくなってきたのか。

そして、誰も来ない二人だけを感じとり、王さんらしい笑顔をみせて、こう言った。

「ボクがあと五センチ背が低かったら、もう百本ホームランが打てましたね」

私が答えを待っているのを心得てくれて、王さんが何もなかったかのように饒舌に話し出した。日本人の男性に、三つの共通した肉体的条件があるのだと言った。それは私が初めて知る事実だった。

「一つ、脳の大きさ、一つ、心臓の大きさ、一つ、ホーデンの大きさ」

睾丸だ。大きさも重さも、どんな大男も小男も変わりはないんですと力説した。

「だとしたら、身体の大きさは、小さい者の方が有利です」

私ははてな？　と思ったが、王さんは見透かすように言葉を続けた。

「例えば、中型の車ですと二〇〇〇ccのエンジンですよね。この車で箱根の坂行ったり来たりしてるのと、エンジンが同じで大型車のボディで箱根の坂登ったり下ったりしてるとしたら、どっちが壊れるの早いですかね。身体は小さくても、それを鍛えて、ボールに当たる瞬間スピードを早く力強く出来れば、同じ心臓の大きさから出るパワーは、大きい者より早く強くなるでしょう」

そうか、たとえ五センチ大きかったとしても、王さんは不断の努力で、試合が終わっての帰り道でも、テレビの画面からでも相手チームの投手や打者に目を光らせていたのだ。

常に野球と直結した生き方しか出来なかったのだ。恐らく一生そうだろうなと思った。

「そりゃボクだって遊びましたよ」

そうは言ったが、王貞治の野球人生での現役生活は、おそろしいほど一筋だったのだ。

少し結果を残して長続きしない選手は、かならずと言って良いほど、シーズンオフに遊んだのだ。

「僕等は、走ってくるボールを打つんですよ。止まっている球を打つんじゃない。だからゴルフなんかにウツツをぬかしていられないんです」

そう言った落合さんの言葉は、王さんの引退発表の二年後だった。王さんが常に臨戦態勢で生きていたと同じことを、私は落合さんからも学ばせてもらうのだ。

「まだまだヒットは打てますよ。でも、それは私の仕事じゃないでしょう」

一歳下の王さんと、私は同じ五月生まれで、おうし座でO型だった。私が二日生まれなら王さんは二十日生まれだ。

その後、じきに引退発表をしたが、後々、長嶋さん以外には引退の気持ちは伝えていなかったと知った。この時かもしれない、本当に王さんと同じ時代を生きている事を嬉しく思ったのは。

王さんが手を伸ばした。

握手をした。

何を言うのかが私には判っていた。

私だってこの年の七月の十七日に、慶応病院で、胃の摘出手術をした王さんの事は知っていた。それからの経過も含めて、マスコミ的な知識しかなかった。ましてや私は、平成三（一九九一）年の五月から、なるべくはじっと生きていなくてはならぬ人生で、入院見舞いなども控えていた。

しかし倉敷での焼け跡での啓示のように、何故か手に取るように私には知らされてくる何かがあった。握手しただけで、電気の流れが交わり、王さんの隠された健康状態が私の脳裏に記録された。

「私を助けてくれますか」

王さんは言った。

将棋の角のような顔から頬肉が落ちて、顎ばかりが目立っていた。

これに近い顔を見た気がした。

そうだ、恭子夫人の告別式の日だ。会葬者に頭を下げて、一人一人を見送っている時、私が前に立つと王さんが手を差し出して来た。私が手を握ると、ぐっと力を加えて来て、その目から一筋の涙がこぼれ落ちたのだった。こらえていたのだなぁと、私は帰りの車を運転しながら王さんの分まで泣きました。

又、ある時はハナ肇の最期に、随分見舞いにも来てくれて、遺体が自宅に戻った時も真っ先にかけつけてくれた。

私達は黙って手を握りあったが、それだけで全ての言葉が電気で走った。

「助けてって、私、何が出来るの？」

私は言ったが、王さんは全てを納得していました。

「私は宗教とかとなると駄目なんですが、目に見えない力って信じてますから」

きっと池ちゃんだ。

手術から五ヵ月、どうにもならない肉体の現状から、きっと野球はもう出来ないと思うと、元西鉄ライオンズの池永正明さんに話したんだと思う。池ちゃんに関しては次の項を読んでください。

「何を言ってんの王ちゃん、あなたは医術の粋《すい》を尽くしたんだから。でも人間、見えない力も大事なんだよね」

「…………」

「会ってみたら？　私は現実に目の当りにしているんだから！」

「……？」

「あなたも知ってる人だよ」

そんな話があったのだろう。

福岡で池ちゃんの良き後援者、竹田商会の竹田奉正・香代夫妻の娘さんとの、不可思議な話があるのだ。恐らくその話を聞かせたのだと思う。

こんな偉大な人が私みたいな者に、助けて下さいなんて言うのは、よほどの事なのだ。藁《わら》にも縋《すが》るという言葉があるが、その時の王さんは、そんな状態だったのだろう。

私の目には、もっと最悪に映った。

全てに終わりが近づいていた。

これは言うと嘘っぽいが、私には、その人の余命みたいなものが見える。

今までそんな事を言った事もないのだが、私に命を永らえさせてもらった人も多いのだ。だが医者ですら一ヵ月の命と言い切ったものが、私の手でそうさせずに治したとしても、「薬が奇跡的に効きましたね」となる。

私に信憑性など皆無だし、私はなべおさみだからだ。なべおさみなんて者が何の力があるのだよで終わりだ。

例えば私が白衣の神秘的な装束《しょうぞく》で現れ、荘厳な神殿で接したりすれば、少しは霊験《れいげん》あらたかかもしれないが、私はいとも簡単だ。

王さんだって、池ちゃんの話を聞いたとき、

「……？」

と思ったはずだ。

「これって？」

が正直なところだ。

だが私が正直なところを言えば、助けを望まれても、こちらが助けたくなったとしても、私が「助けたい」と念ずる時、半分は天が快く返答をくれません。

余計なことをしなさんなとしか受けとれない波動しか感じられない。

せっかく救けても感謝する人は昔の消費税くらいのパーセントなのだ。

なべおさみだからね、私は。

ついでに言えば、私に助けられた人の気が、私に移ってくるから、本人は肉体の回復をみるのです。が、その分、私は私の体に移った病《やまい》の気の為に、しばらくの期間は苦しみます。だからその間に健康診断など受けようものなら、途端にアウトです。

初めて公にしますが私は今日まで、六度のガン告知を受けています。

最初は、「筋萎縮性側索硬化症」と診断され「余命二年」を宣告されました。

そして「腺癌の転移を認む」となり、次に、胃腸の内視鏡検査で「胃癌」と宣告を受け、胃の三分の一の切除を大至急手術しましょうとなりました。

この時は池ちゃんの知人のお嬢さんの、スキルスの胃癌の手当て中でした。

病院に私がかけつけた時、丁度先生が注射器片手に説明を始めたのです。

「この一本で、お嬢さんは心臓の鼓動がゆっくりとなり、痛くも苦しくもなく四日で眠るように……」

と、点滴にその液を加えたのです。

その時私は竹田夫妻に申し上げました。

「どうせ四日でさよならとなるなら、眠ったままで去らせるのは止めましょう。私が意識をもどして、『お母さん、お父さんありがとう』と言わせて逝かせますよ。私に賭けてみたらいかがですか？」

夫妻も、長い事苦しんできたのでしょう、どうせどこの病院でも、もう一ヵ月は生きられないから、病院をさがすよりホスピスを当たりなさいと言われていたのですから。

それを東京に来てがんセンターで診てもらい、同じ事を言われて途方にくれていたのです。この時です。これも信じ難いでしょうが事実です。私の身体に電流が走ったのです。

頭に浮かんできたのは竹田夫妻でした。

「何かある！」

直感しました。

それを遡ること六年、初めて池ちゃんの店「ドーベル」で御夫妻を紹介されました。

実はこの時、ドキリとしたのです。

連れていた娘さんにです。残された余命の短さに……。

お母さんが造詣の深い方で「何か見えますか？」と尋ねられました。

これが縁で、お嬢さんに守り神を降ろしておきました。ここから私にやいのやいのと伝えてきたのでした。それで電話をすると、

「もう一ヵ月も生きられないと言われて、親子三人で抱き合って、銀座東急ホテルで泣いております」

六年前に会ったきりの人ですが、九州に私が飛んで行き、注射針を引き抜いて先生に渡して自宅に連れ帰ったのです。

それが六月でしたが、九月の末には食事も出来るようになっていて、十月には池ちゃんの店にも顔を出すほどになっていたのです。

「あんた、どうしたと？　なんねそれ！」

もう駄目だもう駄目だと泣いていた竹田さんの姿を知る池ちゃんは驚いたのでしょう。

王さんは私にたどり着くまでを話してくれてはいませんが、こんなこともあるのかなと池ちゃんが思った事実を伝えたのでしょう。

私はすでに天の啓示を受けていましたから、受ける事に決めておりました。

手当ては簡単です。王さんに手をあてがい、ここからは説明は不可能です。

支離滅裂です。

「よーし、見つけたぞ、隠れるな隠れるな、もう見つけたからね、お前を殺そうとは言わないから、よく聞いてなよ、この人は、日本で、まだまだ必要な人なんだと、お前達も判るよね。悪さしたね、もう止めな、良かったら、私の体で生きないか、悪さはさせないよ、したらお前達が生きられないからね、判るだろ、だから、こっちにおいで。私の中で仲良く生きよう。大丈夫殺しゃしないさ、さあおいで！　それから邪気も私に移すから。私の体から消えていかせよう。さあ、みんな一緒においで、そうだそうだ。ああ気持ちが悪くなって来た、よーし、みんな来たな、さて、では一神、私の護り神《がみ》から、この人の守り神《じん》を送ろう、よーし降りたね」これは無言です。降ろしたら終りです。

「はい、王さん、これだけ！」

あっけにとられていた王さん、王貞治だものね。何だこれはと思うのも無理はない。私はしばし邪気を吸い取った分体外に排出させるまで、気分が悪い。私が気分が悪い分、王さんの内部が明るくなっていた。でも、こんなこと、今でも王さんは半信半疑のはずでしょう。

「今、六三キロかな？」

「六三・三キロです」

「いつまでって時間的制約がある？　良くするのに！」

「あっ、孫《そん》さんに来年一月二十日に、監督をやれるかどうか返事する事になってます」

「王さん、手術から半年間、休みをもらったんですね」

「そうなんです。七月十七日に手術しましたから」

「今の体重では気力が出ません。一月二十日までに、七九キロぐらいまでにしましょう」

と私は言った。言ったのは私だが言わせているのは私ではない。何時もそうだが、私に言わせている何かが存在しているのだ。

期間は二十日間だ。何かが動き何かが働く。それだけ。後で王さんが言っていた、二十日で七六キロになっていたと。

「二十日が過ぎたら、次は足です。グラウンドに立てる足にします。二月一日のキャンプインには、そう出来るようにしましょう」

王さんは驚いたはずだ。

ここまで、車椅子で娘さんに連れてきてもらっていたのだ。私はそれを知らなかった。弱った体は、根こそぎ気力も体力も奪っていたのだ。王貞治の体に降りた神《じん》は、忙しいはずだ。フル稼動で私の予言に合致させなければならないからだ。

「王さん、足を冷やさないようにね。スパイク履く時、一枚、登山用のソックスはいて、その上にスポーツソックスはいてね！」


これで別れた。

ここからの王さんとのメールは、どんな一言でも私は保存してある。そうして大切に宝にしているのは、王貞治と安倍晋三総理の二人だけである。だから携帯は落とせません。


以後私は「リンパ癌」や「類上皮肉腫」に為った。さすがに「類上皮肉腫」の宣告には、心が揺れた。私の守護神、駿河台日大病院の脳外科の名医・平山晃康先生が、親友の山形基雄外科部長に委ねて下さった。

平成二十四（二〇一二）年七月二十六日入院。

山形先生から私と女房と娘に宣告された。

「残念ながら今の医学では、この病気には対処出来ません」

「で、明日手術ですか」

「はい、してもしなくても余命は二年です。でも間違いなく一年後にはドカーンと来て、それで……」

終わりですは飲んだ。私はしばらく前にも余命一年の宣告を受けていたから、初めての時よりはショックは軽かった。

人を助けてるのに自分が癌で倒れてちゃおかしいだろうと天にぼやいていた。

この前にもリンパ節に癌とおどかされたが、今度の山形先生の判断は「外部から転移してきてのリンパ節の癌」だった。

とにかく翌日に手術だった。手術したって、単なる気休めでしかないのだが、日大のゴッドハンドと言われる名医は、手術にふみ切った。

「じゃ、開けたら、パッと見て、こりゃ取らない方がいいなと思ったら、閉じちゃってよ。進行してる、してないは、先生が一目で判るでしょ」

私は手術前の麻酔に入る前に、山形先生に言った。

「外科医が開いて、取らないで閉められたら名医ですよ。取ったら……」

只の外科医ですよと言ったか言わなかったか忘れた。

目が覚めたら、

「あんまり綺麗なんで、うんと取ったらもしかしたらと思って、一キロ取りました」と先生が言った。

私の右脇の下は、リンパ管もリンパ節も血管も、神経も脂も筋肉もすっきりなくなり、皮の向こうは骨となった。

女優鈴木杏樹を寡婦にして、山形先生はアメリカの病院で翌年一月三十一日に亡くなった。私の携帯に当時のやり取りが残っている。抗癌剤を四回入れたが、こりゃ駄目だと思って、五回目から拒否したいと願ったやりとりも残してある。私には先生自身の肝臓癌が見えていたが、医者とは私の業《わざ》は逆方向にあり、医だけを望んで逝かれてしまった。

あれから三年、私に癌の発生はなく、こうして生きている。

二十日ごとの抗癌剤射入に参って王さんにメールをした。

「二年なんてすぐ過ぎますよ！」

まだまだ王さんも守りたいし、私ももう少しなんとなく生きていたいし、守られている事に感謝しながら、やって参ります。

王さん、こんな私だが、仲良く行こうね。信じてくれて、ありがとう！

一本の道

千葉の習志野から六本木に向かうと、乗った高速の京葉道路は恐るべき渋滞だった。

隣には彗星のように現れた、プロゴルフ界の話題の新人が身を沈めていた。

「急ぐ旅でもないし……」

と、悠然としていた。たいがい若気の至りで苛苛《いらいら》するものだが、大きな体同様に肝《きも》も据わっていた。

私達は知りあって間もなかったが、何故か急に接近していっていた。

それはある朝の電話からだった。

「尾崎ですけど……」

私の寝ぼけ頭の中の知り合い手帖のページには、浮かぶ尾崎が無かった。

「ゴルフの尾崎です」

ああ、ジャンボかぁと、シャンとした。

「一寸、相談があるんですが……」

「判った。今日行くよ」

世田谷から習志野は近くはない。

何回通っても一回で行き着いた事がない道を、頭を頼りに尾崎邸に向かった。

つい最近、水曜日のプロ・アマ競技で、初めて話題の新人に引き合わされたのだ。競技前のロッカールームだった。この年四月のプロテストに受かったばかりの小僧っ子は、プロ野球選手からの転身で何かと話題を集めていた。

「……その打球は、軽く三〇〇ヤードを越えて……」「……ジャンボジェット機の如き轟音をたてて白球は飛んだ」「アイアンショットは地響きをたてた」と、新聞や雑誌は書きたてたから、鳴かず飛ばずでいる多くの先輩プロのジェラシーを掻き立てていた。

「野球のおちこぼれじゃないか！」

「そんな奴が入って来たってでかい顔はさせないよ！」

と、プロゴルファーのやっかみは私なんかの耳にも入って来ていた。

あたかも将来のゴルフ界のスターであるかの如き報道は、この人の名前よりも先歩きして「ジャンボ」のニックネームばかりが広がっていた。私の知識もそれくらいのもので、通りいっぺんの握手を交わす時、

「でかいなぁ！」

と単純に思った。

「尾崎です」

これが尾崎将司との最初の出会いだった。この時私は、ジャンボの目の中に、実にめずらしい光を見たのだ。

それは実にピュアなはにかみだった。

正直に言えば都会育ちの若者が失ってしまった、物に動じる心の光だった。それは田舎者しか持ち合わせない童心のような、オロオロした心と、次に起こる事への憧れと興味が綯《な》い交ぜになった光彩だった。

簡単に見れば図体の大《で》かい子供だった。

握った手を離す前に、私が過ごした田舎での電気もなかった疎開生活の少年時代が、電流のように交流した気がした。

「合う！」

これも端的に思えた。

子供の頃の過ごし方に、ある種の共通点を感じ取れたからだ。

その日、紹介してくれた日大ゴルフ部出身の片山康さんに連れられて、相撲取りの輪島関と共にジャンボ邸に伺った。

この時私の心に残ったのは義子夫人だった。いきなり奥さんがこう言った。

「なべさん、うちの人、出来るでしょう！」

そして心からの笑顔で私の答えを待っていた。私は少し戸惑っていた。出来るでしょうと投げかけられても、その問い掛けが読めなかったからだ。出来るとは上手いという事だろうか、上手いのがゴルフなら上手くて当たり前ではなかろうか。それとも良く出来た人間でしょうという意味なんだろうかと。

私は判断のつかないままに、曖昧に頷いて、笑顔を返した。

嬉しそうに台所へと向かう後ろ姿を見ながら、私は何故か安堵したのを覚えている。

「いい女房だ！」

少年の目をしたジャンボに、後ろから支えるお袋さんのような人が付いている事に、不思議な安心感を持ったのだ。

電話の用件は軽い事だった。

プロゴルファーになって各地に転戦が始まると、色々な人と知りあう。

「私で出来ることなら、何でも言ってよ」

そうした会話もあったのだろう。名刺も多くさん集まった。シーズンが終わって、新しい出発の年の締め括りに、ホームパーティーの真似事をしたという。ある高名な司会者と知り合った時の言葉に甘えて、司会をして頂いたのだ。ところが直ぐに高額な司会料の請求書が届いたのだ。

それでどうしたものだろうかと。

「あの人はそれが生業《なりわい》でね。司会をしたから司会料を下さいと言うのは当然だろう。高いか安いかは別問題。ここは払ったらどう？」

で、この話はチョン。

「これからは俺が司会すりゃ良いんだろ。友達なら金なんかいらないんだから。俺がするよ」

で、終わった。


こちらから出向いて、練習につきあった。

ジャンボの新築の家は、習志野の自衛隊の近くだった。そこは柵を潜り抜ければ広大な空き地が広がっていた。ラグビー場もあれば野球場もあって、何しろ広い。そこの良い点は昼間めったに人影が無い事だった。それを幸いにバケツいっぱいのゴルフボールをひっ提げて、ジャンボと入り込む。

私は彼から遠く離れてフィールドに立つ。その私を目標にしてジャンボがドライバーで打ち放つ。フェードもあればドローもある。まったく私めがけて突き進んで来るボールもあるから、油断も隙もない。

ボールを打ち進むと、空のバケツを持ってジャンボが飛んで来る。二人で球を払って集めて、今度は私が飛んで行って向こう側に立って打球を見つめる。アイアンになり、番手をかえながらひたすら打ち続ける。

さて、この日も二人で練習して六本木に用足しに出掛けた事になる。

道は、どうにもならない。事故渋滞だったかもしれない。長い時間のつきあいとなった。

「なべさん、僕とつきあってくれますか？」

唐突だった。

つきあうから、こうして六本木に向かっているんじゃないかと思っていた。

それを察したのか、

「いや、僕は友達がいないんです」

やっぱり、初めに思ったようにこの人は純粋なんだなと合点した。

「うん！」

友達になろうよなんて不粋な返答を止めて、首をゆっくり縦に振った。

「なら一人、会ってもらいたい人が居てね、その人にぜひ会ってもらいたい」

その人こそ、尾崎将司に野球への道を断念させジャンボ尾崎へと歩み出させる、引導を渡した人だった。

西鉄ライオンズには球界の巨人とも言うべき、大投手がいた。稲尾和久さんだ。その彼が入団して来た新人投手を可愛がった。彼自身が盛りを過ぎた事を自覚していたからだ。その新人投手が尾崎将司と池永正明だった。彼と投げ合ってみて、一発でジャンボは悟ったという。稲尾さんの跡継ぎは池永投手だと。同時に絶対に彼を越せないだろうと。

「自分は井の中の蛙《かわず》だった」

大海には凄い人間がいるものだと。

「長居は禁物だと思ったね」

ジャンボが笑った。

その笑いは自嘲だったのだろうか。

プロボウラーになろうと、簡単に野球から足を洗ったのだ。そして直ぐに、その道も自分の行く道ではないと判ったのだ。

そんな飽きっぽい自分を笑ったのだと思えた。

それとも、勧められるままにやってみたゴルフが意外に自分にあっていて、面白いように上達した事と、やっと発見した自分の道を往く自信の満ち溢れだったのかもしれない。

その池永さんだけが、自分を曝《さら》け出せるたった一人の人間だと言った。

「池ちゃんに会って欲しい」

そう言ったジャンボの顔は、冬の夕陽を受けて急に黙り込んで、そして表情を無くした。私にだって解っていた。

少し前から球界を騒がせていた黒い霧問題は、国会にコミッショナーが呼び出されるほどの社会問題になっていて、ついにこの年の五月に池永正明を永久追放としたのだ。

自宅の前で押しかけた報道陣に、必死に無関係を訴える涙ながらの池永を、テレビで見ながら私は泣けたのだ。

二十三歳の球界を代表する若き大エースを、よくも球団は切り捨てられるなぁと、西鉄ライオンズが嫌いになったのが想い出された。こんな素晴らしい若者を、道連れにする連中にも腹がたった。

その永久追放の池永さんに会ってくれというジャンボの肚を思った。

友達としてつきあってくれるのなら、無二の親友とも友達になって欲しい、今、池ちゃんは絶望的な気持ちでいるのだろう、こんな時こそ本当の友達を分かちあいたい……という事なのだろうかと、これは私の思い上がりかもしれないが、正直こんな嬉しい気持ちは人生で滅多にないものだ。ジャンボを得た上に、私は池永正明さんも友として得たのだ。

池ちゃん、私も今ではそう呼ぶが、ジャンボ同様少しも変わりなく親交は続いている。

ジャンボと親交を結んだ事で、私の人生はとっても楽しい時を送れた。

このチャンスを作ってくれた人が、今でも仲良しのプロゴルファー、片山康さんだ。昭和四十五（一九七〇）年にプロになったジャンボが、プロ仲間から優しい扱いを受けなかったのは、偏《ひとえ》にジャンボの資質に目を剝《む》いたからだ。その道のプロだけあって見抜く力は立派にある。悔しかったのだ。じき追い抜かれる事を直感したのだ。どこの世界でも同じなのですよね。

何時だって社会に出たら、徳島海南高校のエースなんて、只《ただ》の田舎者《もん》でしかないと、思い知らされて来ていた。だから自分の道を見つけよう、見つけたらその道で、絶対に人に出来ないくらいのし上がってやるぞと、唇を嚙んで嚙んで嚙みまくって生きていた。

そんなジャンボに、普通に接触してきて、何くれとなく諸事に不馴れなところを面倒みてくれる人間がいた。

アマチュアだったが、別格の扱いを受けていて、それだけにプロからは少し疎《うと》まれていた若者だった。

それが片山康さんだった。何故彼がやっかまれていたかと言うと、日大ゴルフ部の中でも特別に名将竹田昭夫監督に可愛がられていて、実力も世界アマチュア選手権で準優勝していたのだからだ。だからオープンと名が付けば片山康が出てくる。その彼は名門我孫子GCで子供の頃からメンバーとしてプレーするハイクラスな人間だった。周りはこれがカチンときた。更に、当時、プロでもなかなか履くことが出来なかった高級品のジョンストン&マーフィーなどというシューズを取っかえ引っ換え使用したりしていて、カチンだった。

そんな事ぐらいでプロゴルファーは、カチンと来ている時代だった。

だからパイロットフィッシュのように、康さんはジャンボの面倒をみていたのだ。

正直、神の助けのようだった。

その康さんのお人良しが私の人生を最高に楽しくしてくれるのだ。だいたいこの人の人の良さは特筆ものなのだ。親の血筋だろうか子育ての成果だろうか、自分の人脈を惜しげなく人に繋げてやる。これで助かった人間も多いのだ。私達の世界でも大橋巨泉さんとか石坂浩二さん、ビートたけしさんなども康さんとは仲良しだ。

人の面倒みがよいから、丸山茂樹プロや海老原清治プロも頼りにしている。

この頃ジャンボの義子夫人は、康さんを一番信用していたと思う。だから私も受け入れてもらえたのだろう。その康さんはジャンボに一年遅れでプロに為っていった。

ジャンボ良かれの交際を、陰になり日向になって続けている康さんは、同じゴルフの道を歩きながらも、池ちゃん同様に変わりの無い関係を続けて長い。


尾崎将司ともあろう者が、絶対に予選落ちなどあるわけがないと、誰もが思っていた。

恐らくジャンボ本人が一番強く思っていたのに違いない。何しろ昭和四十六（一九七一）年の「日本プロゴルフ選手権」で、当時の最強選手、杉本英世プロと競りあって初優勝をしてから後、デビュー三年目に五勝して賞金王に輝いた。

それからは日の出の勢いだった。次の年にはシーズン十勝と、毎回勝っているような印象を受けた。これが二十五歳の青年かと思えるほどの堂々たる姿は、ゴルフ界が待ちに待った救世主だった。

あの頃、私が芝のゴルフ練習場でレッスンしていたら後ろから、

「下手くそ！」

と声を掛けられた。本当に下手だから文句も言えず笑って振り向くと、そこにはビッグスギが

立っていた。杉本英世プロだった。

「なべちゃん、ジャンボと青木が酒と麻雀止めたら、二人で交代に優勝しちゃうぜ！」

と、暗に私にそう言ってやんなさいよと言うが如き言葉をくださった。

まったくその通りかもしれないと、私は深く思っていた。今は盛りの若者だから、体力も気力も少々の事ではゴルフに影響を与えてはいないのだろう。私なんか、遠征先まで共に出掛けて卓を囲んだりしていた。

しかしその少し前、中日ドラゴンズの江藤慎一さんが、昭和四十四（一九六九）年の暮れにトレード宣告を受けた時、有楽町でお茶を飲んで話し合った事があった。球団の話を蹴った為に、任意引退となっていたのだ。

「おれ、もう少し野球を真面目にやっときゃ良かったなと、つくづく思ってるんだ！」

「真面目にやってたじゃない！」

「いや、少し、控えたら良かったかなとね」

そう言ってコーヒーを啜《すす》った。

私には判っていた。

酒豪のお声が高かったからだ。

「外野で守ってるとね。ボールが三つも四つも飛んで来るんだ」

デーゲームで、何度外野で吐いたかしれないと笑った。

「王なんかが一塁に向かってダーッと走るね、観客の目が一斉にそこに集中してる時に、こっちは足元にゲーゲーあげてね、慌ててスパイクで土を被せてる」

ひどい二日酔いでゲームに出てる。そんな事が自制出来てれば、

「もう百本はホームラン、打ててたね」

と笑った。

本当は「トレードなんかにゃ出されなかったね！」だったのだろうと思った。

ジャンボに当て嵌めてみた。

杉本さんの言葉は、その道の先達《せんだつ》として道理を弁《わきま》えたものだった。

「ジャンボ、酒を止めなよ！」

そう言えなかった私なんて、ジャンボの友人としての存在価値なんて無かったなと、今でも思っている。


しかし、天というものはやはり凄い。

恐ろしい程の決断を下してくるのだから。次々と賞金王となりジャンボの名は海外にも轟いた。

そこからの十年間は、青木功さんと、中嶋常幸さんとで一気に日本のゴルフブームを牽引したと言っても過言ではなかろう。

昭和五十五（一九八〇）年、ジャンボは三十三歳だった。

四十勝を上げてから、天は、ジャンボに鉄槌を下す。デビュー十年の絶頂期にだ。

杉本さんの言葉も、裏を返せば深い警告であった。あの人も達人だったのだろうな。

「酒も遊びも、ほどほどにしないと、選手としては拙《まず》いんですよ！」

江藤さんの真情吐露も、

「スポーツ選手の最大の敵は、酒ですよ！」

だった。

二日酔いでなくとも、寝不足は間違いない。

夜更かしに深酒、タバコ、夜の盛り場こそ、スポーツ選手の大敵なのだ。そしてくの一、
だが若さだ。

精力旺盛さがそんな気付きを起こさせない。

ここが天下の分かれ目なのだ。

盛り場は、ハレの世界なのだ。ケの世界で励めば励むほどハレの世界を観客は満足し、本人のストレスは溜まる。

ケの仕事を終えて、ハレの世界が口を開けて待っているから飛び込んで行く。初めは恐る恐るだったものが次第に気持ち良く入り込む。

楽しい、面白い、そして嬉しいのは自分のケの立場で得た人気や実力を、そこでしっかり確認

出来るという事だ。

誉めそやしてくれるのだ。これは気分が晴れる。晴ればれするのだ。

それこそがハレ場の秘術だとも知らないで、すっかり虜《とりこ》になってしまうのだから、酒を入れないで見ていると面白い。

3D映画の上映中に、立体メガネを外して見てごらん。こんな曖昧な画面に、メガネひとつでこんなに昂奮していたのかと思う。

ハレとは、実に内実の無いまやかしの世界なのだ。

落合博満さんが、何故その世界に嵌《はま》らなかったのか。

青木功プロが、何故ゴルフ道を歩き続けていられるのか。

野村克也さんが、ここまで立派に野球一筋に生きてこられたのは何故か。

この方達は奥さんが偉いのだ。

奥さんがある面を五〇パーセント担い、五〇パーヤントは御主人が担って生きているのだと思う。人はそれが羨ましいから、ああだこうだとやかましいだけで、本当は口惜しいのに違いない。

青木さんとこのチエさんだって、野村さんとこの沙知代さんだって、落合信子さんだって、旦那を美事に操縦しているんです。

ジャンボにも義子さんがいて、私は今でも立派な奥さんとして、後ろから支えていてくれていると思っている。ただジャンボが独断独歩であり過ぎたから、義子さんの諫言《かんげん》を無視したのだ。スポーツ選手だけではない。ハレの世界の罠に嵌る者は実に色とりどりだ。悪くは身の破滅、命までも縮めてしまう者だって多いのだ。ジャンボの場合もそれに準じた。

それは、なるようにしてなったのだ。

ゴルフから一瞬だけ目が離れたのだ。

何に離れたかというと音楽にだ。

ジャンボは歌が上手い。

とてもメローな声を出す。

それで歌うのが好きになったのもよく判る。

マイクが離せなくなったのだ。

毎年シーズンが終わると、年の瀬近くに謝恩会を開いた。これは一年間のツアーで、各地でお世話になった人達を招いて、一夕ジャンボ邸でパーティーを催し、翌日はゴルフコンペと表彰式で締める。

このパーティーへの参加が年々楽しみになっていったのだ。私は司会役を買って出たのだが、全国から来る人達に喜んでもらおうと、芸能部門の人寄せに努めた。

日頃の仲良しさんに声を掛けると、売り出し始めたジャンボだったから、二つ返事で来てくれた。最初の軍団は、小野ヤスシ、三條正人、輪島だった。ゴルファーは林由郎御大と片山康プロだけだった。

年を重ねるごとに来る人が増え、それは豪華になっていった。

こんな中で、シーズンオフにジャンボが東京の録音スタジオに居ると知った。何でそんなところに居るのだろうと不思議な気持ちと共に、ある不安が過《よぎ》ったのを覚えている。

訪れてみると案の定、レコーディングの最中だった。CDを出すという。

私は、そんな横道が大嫌いだった。

スポーツ選手がテレビでコマーシャルに出はじめると、必ず本業が上手くいかなくなっていくのを、私は見つめ続けていたからだ。

美味しいお金が入って来るのは、それだけの人間になったからで、それは結構なことだが、そのコマーシャルを撮る時間に、ひたすら走っている同業者がいたら、必らず追い付かれてしまうのだ。

簡単な話、相撲で考えてみよう。

今場所好成績を上げ、話題を呼んだりすると、場所中も場所後もタニマチのお声が掛かるのだ。人気がパッと出るのがハレの世界の常識だ。これで力士は思うのだ。

「やっとお呼びが掛かるようになったな！」と。これを堪能する力士は、きまって次の場所に黒星が続く。そして又、必死になる。

そうして上がったり下がったりで力士を終える。横綱を張る力士は、この時期にハレ場へ歯を食いしばって行かずに我慢した者なのだ。

これこそ落合流免許皆伝の心髄《しんずい》「臨戦態勢」なのだ。落合さんは「身体にシーズンオフだと教えない」と言った。

力士だって野球選手だって、プロゴルファーだって、同じなのだ。

五木ひろしさんが、この話から精進の根本に落合式を染み込ませたように。

ジャンボは、それに外れてたのだ。

遊びとゴルフを通じて、売れっこ作曲家と親しくなり、この人の感化を受けたのだ。

ジャンボは凝り性だ。歌えば歌うほど楽しくて、ぐっと引き込まれてしまった。


ある日訪問して驚いた。

リビングが改築されて、奥深く広がり、そしてどん詰まりは一段高くステージに変わっていた。何たる事、ステージ上にはドラムセットが置かれていて、アンプやらスピーカーやらと共にエレキギターまで、所狭しとたてかけられていた。

恐らく、十球打ったら一曲、百球打ったら三十分は演奏しているに違いない。

健夫がドラムで直道がギター、飯合《めしあい》肇がベース……。

楽器演奏や歌が上手くなっていく分、ゴルフの神様の力で本職が下手になっていったのだと思えた。

それは当たっていた。

ジャンボは可愛い犬を飼っていた。

最初はドーベルマンだった。ところが、私なんかが入って行くと、庭のどこからかこの犬が吠えるでもなくぬっと現れる。私は犬と共に生きて来たから、別に驚きもしない。

するとコイツは足元に擦り寄って来て、

「可愛い奴だな……」

と思う間もなく、私の臑《すね》あたりを一噛み。

「カチ！」

ズボンを上げると、きっちり歯型が付いて血が噴き出ている。

「アラ！　又、噛んだよ！」「マタじゃないスネだよ！　エッ？　又？」

ジャンボが慌てて犬舎に押し込めた。

何日かして行ったら、ぬっと来ない。

「アレ、犬は？」

と聞いたら、

「又、噛みやがったんでね、お払い箱！」

良く聞いたら噛んだ相手が悪かった。

ジャンボの足だったのだ。

で、小っちゃな白いのが二匹。

頭のいい犬だと義子夫人が言った。

「この仔たちね、金曜日の六時頃になると、門のとこ走って行くの。そしてウチの人のこと待ってんのね」

なんで金曜日なんだろう？

「金曜日、予選落ちして帰ってくんの判ってんのね」

そうか、天の怒りは深かったのだ。

完璧な一本の道を与えてやったというに、なんで他の道にのめり込むのかと。

それは昭和五十五（一九八〇）年から始まった。

昭和五十七（一九八二）年までの一年八ヵ月、考えられないような試合が続くのだ。十年の間に四十勝を上げた常勝ジャンボが優勝どころか、予選も通らずに、毎週毎週金曜日の男に為っていった。ノアの方舟が四十昼夜、荒海を彷徨したように、ジャンボはフィールドに苦渋の汗をしたたらせていた。そしてそれは二十ヵ月も、出ると負けの日々が続いたのだ。

最終日八打差のトップでスタートしていったから、私達ジャンボアーミーにとっては、やれ嬉しやとゴルフ場に向かった。

埼玉のゴルフ場だから、浦和のクリさんの家で、簡単な祝勝会だと判っていた。途中クリさんに電話を入れた。

公衆電話にみんなが聞き耳をたてていた。

「あっ、駄目だ駄目だ！　ＯＢ連発で、消えちゃったよ」

三條正人も小野ヤスシも本多美喜雄も誰もかれも、車八台がＵターンして家路についた。

私の車の助手席に乗ってもらって、習志野近辺を三時間も四時間もただただ走っていた事もある。一年も勝利から遠ざかると、ジャンボを取り巻く人達から、色んな声が起こって来た。

なに言ってやがる、ジャンボはまだ三十四歳だぜと私は反論したかったが黙って見ていた。

「もう勝てないよ！」

一人去り二人去り、顔を見せていた者が見せなくなっていくのを、神経の細かいジャンボが気に止めないわけがない。

金曜日に自宅に帰ってくると、訪れてくる人がなくなった。

忘れもしない、車で、先代広沢虎造の「清水次郎長伝・勝五郎の義心」のテープを聴かせたのだ。女房お蝶と石松を連れ、次郎長が清水を捨てて凶状旅に出た時、名古屋でお蝶が病に倒れる。心底困っている時に通りかかったのが、昔、世話した勝五郎と言う同業の者。自分の面倒もみられぬほど貧乏していたが、見るに見かねて自分の処に来てくれと言う。

「雨、露さえ凌げればと思って来てやっておくんなさい。どうやったって面倒みます」

というところでこんな節が出る。

「落ちぶれて袖に涙の掛かる時、人の心の奥ぞ知られる」

これは私の人生教科書だった。この一節を、くりかえし繰り返し、一言も喋らずに聴いてても

らった。一時間、二時間、三時間……。ジャンボは黙って聞いていた。

ある日ジャンボの車と二台で木更津の知りあいの家に向かった。

じっとジャンボを見つめていた。

長い沈黙だった。

「ドライバーだね」

小さな声だった。

「自信を持って打てるように、さあ、練習だね」さあ帰った帰った、何をモサモサしてるんだ。

早く帰ってドライバーの練習だよ。行った行った！　と言われている気がして家を辞した。ドラ

イバーが良ければパットも決まるよ！

大きな道路に出る寸前、私の車の先を、真っ白な小さな蛇が過《よぎ》ったのだ。

ブレーキを踏んで見守った。

蛇は真ん中で止まるや鎌首をもたげて、私の方を向いた。そして草藪に消えていった。私はジャンボが護られていると悟った。

明けは近いと確信した。

この一件が昭和五十七（一九八二）年の開幕直後だった。

「オザキボール」と揶揄《やゆ》されたＯＢ病は、まだまだジャンボの心も体も虫食《むしば》んでいたが、その克服は並の努力では取り返せぬもので、周囲の人間もほとんどが、一度弛《ゆる》んだ箍《たが》は元には戻らないだろうと決めていた。

「楽《らく》して上手くなろうって、常に思っていた人間だったからね」

ジャンボの自戒だ。

そのツケが来たのだ。それは天が与えた才能に甘えてぬけぬけと生きる人間には、必ず下る天の裁きだった。

それでも青木功さんは見抜いていた。

「なべちゃん、ジャンボは必ず復活してくるから大丈夫だよ！」

絶不調の折、私を励ましてくれていた。一勝も出来ないどころか決勝ラウンドにも進めない一年の終わり、三十四歳のジャンボに謝恩会を開かせたのは他でもない義子夫人だった。青木さんの本心と同じく、義子さんもジャンボの再浮上を信じてやまない一人、そして片山康さんもそんな一人だった。

「悩めばいいんだよ。その悩みって、日本のゴルファーが絶対手がとどかないって高さの技術的なものだからね。誰にも教えられるものじゃないから。本人が打って打って打ちまくって手に出来る免許皆伝だろうね。だって、僕等は二八〇ヤード、二九〇ヤードって点で悩んでるのに、ジャンボは三〇〇ヤードから三三〇ヤードで悩んでいるんだからね。これを我が手にして自信にあふれてティアップする日が来たら、もう手がつけられないよ」

そう言って見守ってくれていた。

少し淋しい年末のパーティーは、ジャンボの気持ちも考慮して、極く内輪にジャンボ邸で開かれた。その会が盛り上がった時、突如、青木功さんが来訪して来たのだ。

その年ジャンボは二階を改修して、ウォーキングクローゼットを増築していた。それは実に美事な設計で、一度部屋に入れば左から右へ移動するだけで一日のゴルフ仕度が整うというものだった。シャツ、ズボン、セーター、靴下、靴、帽子、手袋、と色合わせしながら選んでいけるのだ。ガラス戸のケースに納められた品は一目瞭然の素晴らしさだった。ジャンボの意見を聞いて夫人が設《しつら》えさせたものだと私は唸ったものだった。

それを聞き知った青木さんが、このオフに自分も造りたいので見せてくれと来たのだ。ジャンボ夫妻と私で、クローゼットへ入った。青木さんも唸りながら見て回って、感謝して帰って行った。

　さあ大変。

　リビングに居るのは生粋《きっすい》のジャンボアーミーだった。

「あの野郎！　賞金王だと思って、見下してわざと来やがった！」

「勝ち誇ってたな！」

と、喧喧囂囂。

「待て！」

　ジャンボが大声を出した。

「言っとくが、青木ヤンはそんな人じゃないよ！」

　シーンとして、暗さばかりが広がった。

「さぁ！　景気よく、パーッといきましょう！」

　私が手にした蒲団のシーツをパーッと広げると、それはみんなも心得たもので、卓上が一瞬で賭場に変わった。

　ハレの出番しか救いようが無かった。

　ジャンボの声が響き渡った。

「さあ！　景気良く行こうぜ！」

　私は義子さんを見た。その目が笑っていた。

「うちの人、出来るでしょう！」

私のDVDコレクションには、ジャンボ兄弟の多くの戦いが残っている。中でも昭和六十三（一九八八）年十月の日本オープン最終日の中嶋常幸、青木功プロとのAON時代を象徴する試合は、ゴルフファンには忘れられないシーンだ。最後、七〇センチを沈めれば優勝という時、ジャンボはアドレスに入るも、パターが動かなかったのだ。今でもジャンボは忘れていない。

「動かせなかった」のだと。言うなれば、瞬間イップス症状だったかも。

アドレスに入る、打てない、仕切り直し。

アドレスに入る、打てない、仕切り直し。

私は人生の上でも、仕切り直しに入る為、のたうちまわって独りで苦しんでいるジャンボを、何回も見て来た。

私などの小者の辛苦と違って、ジャンボの辛酸は桁《けた》が違うのだ。

片山康さんの言う通り。

「俺たちじゃ手が届かない位置での苦悩」は、やはり天が与えたジャンボならではの試練なのだろう。限られた人だけが味わう苦汁なのかもしれない。

色々あった山や谷の道程を、今はもうジャンボは心おだやかに歩いていると理解している。

「いつだってゴルフの神様が、オレを見ているんだ！」

それで失敗し、それでしくじった日々の経験が今も心に存在していよう。

しかし今のジャンボは、もう発見したのだ。到達と言うべきか解脱《げだつ》と言うべきか、私は悟りだと見ている。

ゴルフの神髄を求めれば求めるほど、自分を見つめている何かが、無言でプレッシャーをかけ続けていた畏《おそ》れ。

その見つめているものが何か、ジャンボは解けたのだ。

「何かが何時だって見ている！」

そう気が付いたゴルフの道こそが、己の人生だと理解した時、初めてそれが見えたのだ。

自分をじっと見つめていたものが、自分自身だと悟らされたのだ。達人になったのだ。

もうレギュラーツアーで優勝は出来ないかも知れない。しかし、そう思わないで進むのが自分の与えられた宿命だと悟ったのだ。先人未踏の百十勝の先に、まだまだ道が続いていると見えたのだ。

「こんなに楽しい！」

ジャンボ尾崎は、尾崎将司に見守られながら、楽しないで上手くなりたいと、今日も一本の道を歩き続けている。

友に贈ろう、この一言を！

「ウチの人、出来るでしょう！」

「うん、出来る！」

第三章

怪物たちと怪事件

木の実ナナ
古関裕而
萩本欽一
白竜
香山美子
船越英一郎
松居一代
井深大
盛田昭夫
大賀典雄
穐吉正孝
石津啓介
「日航ハイジャック遭遇顛末記」
鳥羽一郎
海老澤勝二
江守徹
黒木瞳

佐藤昭司
直井二郎
花形敬
中島みゆき
松林宗恵
森中勝彦
長門裕之
森繁久彌
金田賢一
谷村新司
服部克久
佐藤栄作
竹下登
宮田輝
堺正章
柄本明

誰と出会えるか

そう、人生の機微《きび》は、どんな内面を持った人間に会えて生きてるか、そして、どう向きあったかで心にもたらされる気がしてる。

せまい世界で生きてる事に、ある日気が付くはずです。

そんな時、思い返してみると良い。

己の人生の中で、素晴らしい人間に多くさん会っていたはずです。ただ、それに気付かずにいただけです。気付けるだけの自分に、磨いていなかっただけです。誰にでも公平に人間らしい人間に会わせてくれているのが人生でしょう。気が付くかどうかが大きな問題なのでしょう。

私が大変ラッキーだったのは、少年時代に一人の友と胸襟《きょうきん》を開く事が出来た事です。

平成二十二（二〇一〇）年に扶桑社から『「赤毛のアン」がテレビアニメになった日』という本が出されました。この本の冒頭を私の素晴らしい拙文が飾っています。これをパクる。

永遠の親友に贈る　なべおさみ

映画が終わって場内が明るくなる。

ぎっしり詰まった観客は、座席は勿論のこと通路や周囲の空間にまで入っている。

席を立つ人を狙って、すかさず席を手に入れるには、特別の才がいる。素早い行動と、そう命ずる思考が必要だった。抜群の反応とすぐに動ける運動神経がいるのだ。

普段は、上映中の暗がりの中を、一センチ刻みに前進して、中央通路の真ん中まで進行して、途中で退館する者の席を手に入れなければならない。それには、映画の中身など眼中に無い。座席を四方八方見つめつつ、いつでも行動出来るように、虎視眈々と神経を配っていなければならない。席を手に入れる為の機敏さは、ほとんど反射神経の研ぎ澄ましといった類なのだ。

それが私の少年時代の映画館で培った手だった。幸いにして小柄だった。席を立った客が通路に出る前に席の前の通りで交叉が出来たのだ。出る人など待っていては座席は得られやしないからだ。

「ほらほら、がっつくなよ！」

言われようが軽くこづかれようが、席に着くことが先決だった。私は立見の経験など一度として無かった。

一九五〇年、昭和二十五年から続いた年間四百本近い映画館通いは、五年間以上続いた。

この間、おかしな事に気付いた。

映写が終わってからの退入者の騒音の中で、私は何時だって中央辺の席で悠然としている。ある日、前方の立見客の中に、よく見る少年の姿を認めた。この少年に心が行ったのには訳があった。何時だってスクリーンに向かって左側中央から先あたりに立っているのが目に入っていて、私自身気が付いてしまっていたからだ。同時に私の心には、うすのろな少年だなあと思う心がわいてきて、少々呆れ果てていたのだ。

私のテレトリーは蒲田や川ひとつ越えた川崎の映画街だったが、この少年もくるくると良く観て回っている事が読めた。

場内が明るくなって、何時もの場所に少年の姿がないと、何故かしら淋しい気になったりしはじめたから不思議だった。

私が六年生になった時、一歳上の従兄弟が私立中学に入り、友人を連れて来た。家の工場は敷地が広かったから、従業員の為の卓球台などが用意されていた。そこで卓球していた一人が、なんと映画館のウスノロ少年だったのだ。

佐藤昭司、少年の名だ。大人《ジジイ》になってもだ。

私達はゆっくり語り合う日を待った。

そしてその日がやって来た。私は短気だが行動力に富む。昭司は立見で満足出来る辛抱強い奴だった。性格が真逆で気が合った。なにしろ私は、高校に入るやいなや横道に逸れて、メシよりケンカが好きになっていた少年だった。大好きな映画もそっちのけで、横道をまっしぐら……。

そのきっかけは、映画を観に行った日比谷の街で不良少年グループに取り巻かれ、していた借り物の腕時計を奪われそうになったことが原因です。銀座の街角で拉致、そんな目に遭わないために、逆に、そうした人間を統率するような構造を築き上げていきかかりました。

そんな生き方を止めてくれたのが、カタギじゃない本物、伝説の「銀座の直井二郎《なおいじろう》」さんと「渋谷の花形敬《はながたけい》」さんです。このことは、ここではお話しませんが……。

私達が互いの胸の内を語ってしまうまで、そう時間が掛からなかった。

私達は将来の夢について語りあったが、まったく意見が一致したのだ。語れば語るほど夢はふくらみ胸の火は熱く燃えた。

「だが」と二人はここでも意見はぴったりと合った。自分達の遠大な思いは、それぞれの内にしまおうと話しあった。

どんなことがあっても決して他人には明かさないことと誓いあった。あんまりヒソヒソ話し合うものだから兄姉から怒られ、押入れに布団を敷いて、夜っぴて映画の話で盛り上がった。中学時代には、もう二人の約束事は胸の内でコンクリート化されてしまった。

「絶対、映画の世界で生きよう!」

それが二人の定めだった。

昭和の時代の占領下の生活の中で、私達の決断も決意も、それは空しい絵空事だった。地に足の着いていない思いなど、戯言《ざれごと》でしかなかった。それはお互いに解ってもいたから、固く口を閉じた。

それに私達二人は境遇が似ていた。同じ中小企業の家の子供だった。裕福な家庭ではなかったが食うに困る家庭でもなかった。

自家営業の常は、継ぐ者がいなければ廃業だった。昭司には兄達が居た。私も次男だった。これが引き金だった。

いつしか私達は、
「家を出よう！」
と心に決め合った。これも胸にしまった。

家出には金が必要だった。家を出る事の思い一色で、昭司も私も本当によく働いた。

そうして高校に入った。

映画を観て、部活でラグビーをして、ちょっぴり悪ガキを率いる大将をやってと、血気盛んな青春を過ごしていたら、突然、昭司は高校三年生時に家を出て行ってしまった。

私はまだ高校二年だった。

あれほどじっとしている少年のどこに、そんな勇気が秘められていたのか、私には理解出来なかった。正直「負けた！」と思った。内心では、昭司の家出は不可能だと思っていたし、出るなら先鞭は私がつけると自負していたからだ。

昭司に遅れること二年、私は昭和三十三年、大学入学後の六月についに家を出た。

独立独歩で、学費や下宿代や生活費を捻出する為の努力は、言葉に表せない不安との戦いだった気がする。自分がそうであったように、昭司も必死の毎日が続いていたのだろう。

私達の交流は、昭司の無言の家出から途絶えた。そして何年が過ぎたのだろう……。

ある日、有楽町日劇地下の「アートシアター」で『ボクサー』を観ていた。

場内が明るくなった。私は思わず左側立見客に目をやった。

そこに少年の姿は無かった。立見の客がない時代になっていたから。

ふと気付くと、なんと、私の右隣の席に昭司が座っていたのである。

我が友は、日本のテレビ・アニメーションの世界で多くの名作を創り出して生きて来ました。「世界名作劇場」は皆さんの記憶の中に残っておりましょう。「赤毛のアン」「トム・ソーヤの冒険」「小公女セーラ」「愛の若草物語」、さらに「未来少年コナン」「シートン動物記」など様々な作品を世に送り出して来た、企画・制作プロデューサーでした。

約半世紀アニメの世界に身を捧げ、「ちびまる子ちゃん」を最後に引退しました。

佐藤昭司よ、永遠の友に拍手!

あ・り・が・と・う。

御近所あれこれ

「なーべさん！」

優しい声が頭の上から降って来た。

振り返ると頭からスッポリとフードを被った雨合羽の女が笑ってた。

何だか『となりのトトロ』のシーンが浮かんで、それ以来、私一人の思いの中で、この人は「トトロ」として生きている。

家から一〇〇メートルの近所中の近所に、白い家を建ててトトロは住んでいる。

会わないと、まったく会わない。会えないといえば会えないのかもしれない。

特別の仲じゃないから、会いに行くわけもないし、ほとんど偶然のチャンスしかないバッティングに期待するしかないが、地方なんかで話に興が乗ると、私の自慢はトトロだ。

「家が近いぞ！」

と、その距離が三〇メートルになっている。

「なーに？　自分で買い物すんの？」

「当然！」

誰もトトロだとも誰だかだとも気付かない。雨の日のスーパーだから、着包《きぐる》みのお化けぐらいにしか思わない。

「この人はねぇー！」

と、私がここで大声を出したら、店内はひっくりかえる。

「あっ！　トトロだ！」

「本当だ！　トトロが居るぞォー！」

と、大騒動になるだろう。

でも、トトロは閑《しず》かさが半端じゃない。

私の耳にも、いっぱいの静かさが入り込んできて、私の昂奮を抑えてしまう。

時間にして何秒だかの邂逅《かいこう》だが、これで三年は心の中でトトロは新鮮に生きてくれる。

なんともにっくき存在だ。

余り会えないで淋しく思っているのが判るのか、突如、大晦日のBSテレビなんかに特集が組まれていたりして、私を釘付けにし、買わなくてもよいCDを求めさせたりする。心憎い存在だ。

雨のしとしと降る夜に、そっと隣に立っていたトトロが、あの沈丁花《ちんちょうげ》のようなトトロが、毘沙門天か吉祥天の如く、凄まじい唸り声で吠えまくる怒声で、年を越えさせてしまう。上手いんだなトトロの遠吠え歌！

あれがスーパーでそっと声を掛けてくれた、優しい天使か？

雨に打たれるまま、傘もささずに消えて行った天女か？

天と地の狭間《はざま》で私は昏迷しながら旧《ふる》き年を捨て新しき年を迎える。


毎日、犬の散歩でトトロの家の前を通る。

私はこの道を「みゆき通り」と秘かによんでいる。トトロは大《で》かいくせに秋田犬二匹が怖いのか、絶対に姿を見せない。

本当はトトロなのに、その存在を隠すように表札には「中島」なんて平凡な名前を付けている。


歩いて十分圏内には色々な物《もの》の怪《け》が住んでいる。

私が役者ってのは凄い商売だなあと思ったのは、昭和二十七（一九五二）年『本日休診』のスクリーンからだ。世相を反映してか暗い映画だったが、たった一場面だけ場内爆笑だった。

行き倒れで病院に拾われた労務者が、元気を回復するやいなや、仲間を外にまたせておいて、病室内の備品をこっそり失敬してしまう。その運び出す有り様で客はひっくり返って笑うのだ。

その役者が多々良《たたら》純さんでした。もう一回観て、今度はその場面で笑っている客の姿をみて帰った。もう夜の焼け跡の町を気分は役者で歩いた。どうやったって、自分はあの役者のようになってやるぞと、六年生だったか中学一年生だったかのあの日、私は己の道を心に固く定めたのだった。

そして、家を持ってから知ったのだが、多々良さんの家は、五〇メートルの近さで存在していたのだ。

「あの映画ね、私もデビューみたいなもんでね。そう……あれで役者として認められたんだよ。うーん！　そう！　そうなんだよ！」

遠い若い日を見つめるように話してくれましたっけ。でも、その声のでかさったらなかった。道路も舞台もない人でした。


同じ距離に、娯楽映画の巨匠、松林宗恵監督の家がある。直線で五〇メートルか。東宝撮影所の戦車まで出たという有名な労働争議で人生が転換。不足してる映画製作の現場に、思想なんか持ち込むべからずと、乞われるままに新東宝へ。『ハワイの夜』とか『青春ジャズ娘』なんか撮ってて。

この方の撮影現場の楽しさは、日本一でした。絶対に働く人間を腐《くさ》さない。役者も裏方も誉めそやす。伊丹万作監督の本に書いてあった。

「撮影を速やかに進行したいと思ったら、撮影隊の中に、誰か一人、年中誉めそやす人間を作っておけ。何かにつけて彼を煽《おだ》てあげるのだ。さすれば、一同の士気は上る」

と。これだった。まさに松林先生はこの通りのやり方だった。

「ヨーイ！　スタート！」

初めて役らしい役をもらって、デビューしたばかりの私は弾んでいた。『てなもんや東海道』だったかな。宝塚映画だ。宝塚で撮影だった。売り出したばかりの藤田まことさんの主演に、よってたかって渡辺プロで呼べる人気者をそっくり投入していた。

そこに繰り込まれたものだから、一番下っ端の私は燃えに燃えていたのだ。

それにしても映画に役をもらうという事は、夢の一歩を叶えたという事だったから、志を持ってから十四年ぐらいで達成していた。

「カット！」

〝和尚さん〟と呼ばれる松林監督の声も若かった。

「キャメラ、どうだ！」

「OK！」

「照明！」

「OK！」

「録音！」

「OK！」

「役者部、どうか？」

監督に応えてまことさんの声も若かった。「ＯＫでーす！」

「ＯＫ、みんなＯＫだが、なべちゃんオーバーだったから、もう一回行こうーっ！」

長沢純さん達スリーファンキーズのアイドル達がどっとずっこけた。

正直、画面にマイクの影が走っても、陽の光が雲で陰っても、カツラがずれても、藤田さんがセリフを噛んでも、

「ＯＫ！　なべちゃんオーバーだったからもう一回！」

と為った。私、セリフなんて喋っちゃいないし、後を追いて歩いてるだけなのに。そのうち、誰かがトチっても、その人が、

「なべちゃんオーバーだったからもう一回行こーう！」

と為ってしまった。

私の女房笹るみ子は、松林先生の『青い山脈』がデビュー作品で、その後も可愛がって頂いていたが、私達は内証で同棲していたのだ。

ご縁とは不思議なもので、私が安倍晋太郎代議士の知遇を得て、各種の会合に引っ張り出され、先生が私の顔を売ってくれようと心掛けて下さったが、その会のひとつに松林先生が現れ始めて、「おや?」という事になったのだった。この時分、安倍先生の家は、十分圏内にあったのだが、松林先生が、目と鼻の先におられたなんて、ずーっと知らずに生きて来たのでした。山口県下の安倍親派の県会議員に、美祢《みね》市の森中克彦さんがいて、和尚さんと親しかった。この人の

肩入れで、『ふしぎな國・ニッポン』を撮りに美祢市に行って、私は森中さんと親しくなるのだから、縁とは不思議議です。この映画は中井貴一さんの実質的なデビュー作品で、やがて『連合艦隊』の出演につながる。面白いのは、この作品の出演者、長門裕之さんも森繁久彌さんも金田賢一さんも、割と近間の住人であります。更に言えばこの映画の主題歌「群青《ぐんじょう》」の谷村新司《アリス》さんや音楽を担当した服部克久さんは、私の家からも和尚さんちからも三〇〇メートル圏内なんです。

昔は政治家もその範囲に大勢おりましたね。愛知揆一、広川弘禅と言った有力代議士。なんといってても佐藤栄作総理、その後そこには竹下登総理が住みました。

その近間に宮田輝さんや、閣僚になる前の安倍晋太郎先生がおりました。私の犬の散歩道の途中ですから、本当に近いのです。

この辺に、昔は堺正章さんがおりましたし、私が借りていた家は、私が出た後は柄本明さんが借りました。隣り合わせのマンションには木の実ナナさん。

といった具合に、色々な人達が住んでたり住んだりしています。そうそう、古関裕而先生のお宅も近くで、そのそばに萩本欽一さんがおりましたっけ。

今は、なべやかんも近くです。白竜さん、三條正人・香山美子夫妻も近間です。

トトロから急にマジな話になりましたが、御安心下さい。この辺に住むと言われるお化けの「掃除魔おばさん」を教えましょう。

私の家の前は四十数年前は深い谷底を流れる川でした。その両岸を守る為に、桜を植えたのだそうで、いつしか何キロにも及ぶ桜並木の道となっておりました。その川を暗渠として水路にし、地上を遊歩道としました。

更にそこに人工の流れを造築し、今では立派な緑道が出来上がっています。その道です。

それは常にまだ薄暗い早朝です。

雨が降ろうが雪が降ろうが、暑かろうが寒かろうが現れる妖怪です。

この辺は代田緑道で、上は梅が丘緑道、下は代沢、池尻緑道ですが、どうやらこのお化けは人《ひと》気《け》の無い五時頃の緑道を、風の如く歩き行くのです。

皆さんは丁度、深い眠りから覚めた体が、起きるべき準備運動に入った時間です。

そう、その頃こそ夢を見ている状態です。

六時十五分ぐらいは、この緑道は年代を過《へ》たアンティーク人間の溜まりとなる場所があります。そこへめざして急ぐ人々で溢れます。

アンティーク人間維持活動の一環として、六時半から電波音が流れ出る小学校の庭と、隣接する緑道には、長いこと人間をやってる方々が群れをなします。そしてその音が一度《ひとたび》流れ始めるや、不思議な事に曲がっていた腰もピンとして、全員がまったく同じ手振り首振り足まげて動きだすのです。

校庭もいっぱい、緑道もいっぱい。

近辺の家から、古美術人間が消えてしまっただろうと推察される数が、十五分ほど踊りまくって、さっと消えます。

実はこの人混みにまぎれて、掃除魔おばさんも手足を動かしている時があるのです。

まだ誰にも話した事がありませんが、私は会った事があるのです。あるのですよ、この緑道で。それはそれは寒い冬の朝でした。

魔がさすとは、あの事を言うのでしょう。

突然、目覚めたのです。ふつうは、ふとんに深々と潜り込んで二度寝のはずなのに、なんと顔を洗うや庭に出ました。二匹の秋田犬が飛んで来ます。散歩の催促です。これに何の抵抗もなく連れて出たのですから、もうその時は魔力にはまっていたのでしょう。

緑道を下に向かって薄暗い中を歩いていました。まだ、古美術人間出没前の時間です。

突然、若犬の方が背を低めて止まり、

「うっ！　ううーっ！」と唸りだしました。

もの凄い警戒です。

じっと遠くを見据えて身構えました。

その時です。

二つの大きな塊が、こちらに向かってゆっくりと進んで来たのです。

「掃《は》いたかぁーっ！　拭《ふ》いたかぁーっ！　叩《はた》いたかぁーっ！」

地を這《は》うように伝わる呪文。

「洗え！　流せ！　干《ほ》せ！　磨《みが》け！」

「掃け！　拭け！　叩け！　もう一度！」

「洗って流して干せ磨け！」

「掃いたかぁーっ！　拭いたかぁーっ！　叩いたかぁーっ！」

「洗え！　流せ！　干せ！　磨け！」

若犬はますます低く前足を伏せ、後ろ足をかすかに屈伸して飛び掛からんとの姿勢です。

老犬ですら伝来のマタギの血が騒ぎだし、

「うーっ！」

「アラなべさん！　早いですね！」

やはりそうでした。「掃除魔おばさん」です。連れは「アデランスおじさん」風《ふう》の万年青年です。私は知っています。この二人は戸籍上は固い絆で結ばれているのです。ところが、世を謀《たば》かって、まったく別の名を世に知らしめて生きているのです。

そうです。「掃除魔おばさん」と「二時間ドラマの帝王」は、深い男女の関係があるのだと私は感づいています。片や「松居」と名乗り一方は「船越」と名付けて一つ屋根の下に住まず、二つ屋根の下に暮らして目眩《めくら》ましさせようとも、私の目はごまかせません。人に気付かれぬように密会しているに相違ありません。

お代官様もお天道様の目もございます。

隠し通せるってもんじゃありませんよ。

まして女妖怪の方は、農林大臣に為る前まで住んでいた安倍家の前に家を建てているのです。安倍家では、ここで育った子供が総理になっているのです。そしてその祖父、岸信介もその弟、佐藤栄作も日本の総理大臣だったのです。旧佐藤家は手を伸ばせば届く近さです。そこに「EiiCHiRO～KAZUYO」と表札を付け、白亜の豪邸が建っています。考えてもごらんなさい。

『千と千尋の神隠し』の湯婆婆《ゆばーば》の住む館ですぞ。東京は世田谷の一等地に、さながら白雪姫が住むような瀟洒《しょうしゃ》な洋館があって、そこには湯婆婆と釜爺《かまじい》が身をひそめているなんて、ああ信じられない。

私も伝《つて》を使って、イスラエルの諜報機関の、モサドの一人とお茶しましたという人間と、もう一人、『24』のジャック・バウアーは自分だという外国人と、『ボーン・アイデンティティ』のジェイソン・ボーンの親友の親達にさぐりを入れてもらいました。

さすがに一流のインチキ人間はたいしたもんです。調べは私の家のコンピューターに納まりました。コンピューターといっても、そんじょそこらでは見かけないガラ系の携帯電話ですが。そのリサーチ報告で見ますと、なんと「掃除魔おばさん」は、朝の三時に起きるや、文字通り邸内も邸外もクリーンにし、すかさず朝風呂を使うと、ここから変身し、「湯婆婆」となって風呂場をクリーンにするそうです。終わるやいなやデスクに座り、インターネットでアメリカ国内の株式市場のオープンに間に合わせ、株価の変動に目を光らせます。

その後ろ姿を盗写したモサドの関係者と関係したという女性は、ぞっとしたといいます。それはまぎれもなく「銭婆《ぜにーば》」であったと見抜いています。

そして報告の最後にこう書いてあります。

「一年間で儲けた金額は十億は下りません。何よりの証拠は、儲けた自分にご褒美をと、ハリー・ウィンストンで全身を飾る貴金属を買ってやったそうです。勿論買って、やったのは自分にで、買ったのも自分です」

連れ合いが稼ぐ金も「帝王」ですから半端じゃありませんが、その金の管理は全部、湯婆婆が仕切ります。健康の管理だけしませんから、「釜爺」は時々病気をします。

そうすると、朝のコンピューターで「銭婆」の時間が終わると「釜爺」を散歩に連れ出すのだそうです。私はそんな時に二人に出っくわしました。どんなに「釜爺」の体がピンチでも、「銭婆」である「湯婆婆」は、早朝の散歩に連れ出して、天空と大地の気を「帝王」の身体に吸収させて治してしまうと伝えられています。

「それにね、時々他の妖怪に出会って、妖気を頂いて、それで大丈夫。人間だれでも病気ぐらいしますからね！」

隣で「アデランス大王」は、口をモゴモゴしてるだけ。誰の目にも顔面に軽い麻痺が走っていると判るのに、顔の神経の掃除をしてやったら治るのにと思うのはこっちの人間感覚で、物の怪の世界では、へっちゃららしい。

家内は突然リュウマチに襲われ、苦しんだあげくステロイドの副作用で頭髪の秋模様から冬景色でめげていた。

この窮状を救ってくれたのは、この妖怪夫妻だった。釜爺がアデランス大王に変身して、造毛部隊が増毛隊員を派遣してくれて、一気に妻は若返り、気分も一新で、私は老年離婚になりそうな気分で、髪の毛が毎日逆立っています。

こんな按配の土地が我が家周辺であります。

オッソロシイ、この地にあなたも住みに来ませんか？

そんなに急いで

「これは一寸、問題だと思うんだ」

「ソニー」の創業者として井深大さんと共に、会社を引っ張っていた社長が、私の目を見つめて言った。

私は社長の目に何時でも光を見ていた。その光は何の邪気も含まぬ、澄みきったもので、俗な言い方をすれば〝少年〟のような穏やかさに満ちていた。

社長はぐんぐん上昇している機に背中をバックシートに押しつけられながら、手にしたアイスコーヒーをこぼすまいと、ストローをくわえて吸った。

私は次の言葉を待っていた。

井深さんはいつものように、自分の出番ではないと深く悟ったような顔で、手元の書類に目を落としていた。それでいて、機内の限られたソニーの牽引者達を束ねているのは、間違いなくこの方で、私は井深さんを釈迦、盛田昭夫さんを孫悟空と見て取っていた。

悟空が觔斗雲《きんとうん》でどう駆け巡ろうが、それは井深さんの手の平の内の出来事なのだろうと感じた。鎮《しず》まり方が深すぎて、面対しただけで私の器量が全て解られてしまっていると感じた。

世界中からソニーの量販店のオーナーを招いて、ソニーの新機種の御披露目と将来の展望の大イベントが催されたことがあった。

英語、仏語、そして日本語の総合司会者と、三人が賓客をもてなしの進行をしたが、総合司会を私に任じて下さった。

この時、楽屋に井深御大がやって来て、黙って私の肩に両手を置きそっとおっしゃった。

「良かったね！」

そして「頼んだよ！」と言うように、ポンと軽く叩いて会場へと出て行かれた。

「えっ？　なべおさみ？」

司会者決定に際し担当者の中に疑問の声が上がったのだろう。ＮＨＫ出身の名立たる司会者が多々おられたから。

「うん、それで行くよ。イベントは間違いなく行う事より遊び心でしょ。エンターテインメントでなくてはね！」

大賀典雄大会実行委員長の言葉は、そのまま盛田さんの思考だと誰もが知っていた。

そんな裏事情が、井深さんの両手から伝わって来た。

盛田社長は水平飛行を待っていた。

私は次の言葉を待ちながら、社長の飲み顔を見つめていたが、心は隣の御大に置いていた。ほんの数十秒の事だったのだろうが、私の脳裏に響いて来た〝うねり〟のような悟りがあった。

人間の身の内には、土器《かわらけ》で出来てるような壺が在るのではなかろうか。そしてその中には清らかで澄み切った、田沢湖の湖水の何十倍も透明度の高い水が湛《たた》えられているのだ。その水こそが、人の叡知を育むものなのではなかろうか。そして人間の全ての思考はこの水を潜《くぐ》らされ、この時濾過《ろか》されて邪念を取り除かれているのだ。ですから邪《よこしま》な人はこの水が何かの間違いで濁ってしまっている。それこそが精神的な病《やまい》かもしれない。

人間は井深御大の身の内にある壺の如く、頑丈で大きな物にする努力が、とっても大切なのではなかろうかと、私は閃いた。その壺が、その人の器量の大きさなんだと思った。そうして井深さんの瓶《かめ》の中の水面の静けさこそが、その鎮けさの根元なのだと思えた。

私達は今、ソニーの専用ジェット機で、仙台に向かっていた。真っ白な機は十人乗りの、空飛ぶ社長室だった。操縦士は驚きの専務大賀さんで、流暢な英語で管制塔とやりとりしていた。

「プライベート・ジェットって、凄いですね！」と私が言った感嘆の言葉に対して、返答が「これは一寸、問題だと思うんだ」だった。怪訝な顔の私に、盛田さんは自身はもう納得していると いう風情の顔を見せた。

ゆったりと話した。

井深さんの神経が、落としたペーパーの目から、耳に移ったのが察知出来た。

「アメリカにも、同じ機が一機あるんだよ。これによって、従来の会議の方式が変わって来たんだ。ニューヨークから飛びたって、一日にあと二ヵ所で会議が出来るようになったんだ。まずニユーヨークで済ませて、次の空港ビル内で会議して、又飛んで会議して泊まります。飛行場内にはホテルがあり、会議場に事欠きませんからね。一寸前までは考えられない事ですよね。でも今は、そんな風に時間を使って一日が進行して行くんだ」

成程、現に今、私達は早朝の羽田を発って仙台で、特約店の方々に来季の新製品の発表会をした後、夕方からの名古屋の催しに向かう。本来なら少なくとも二日から三日を要する。事実、この機内のメンバーで、名古屋に向かい、用意されたヘリコプターに乗り葬儀に参列し、更にヘリで移動して今度は結婚式に。又ジェットに乗り換え福岡のイベントにと、驚くべき体験をさせてもらった事がある。

「いやね、私は普通の人達の経験よりも、どんどん三倍の早さで人生を進めていってるような気がしているんだ……」

「社長、ダウンしますよ！」

昇ったと思ったら、もう下降のジェット機は、離陸してから仙台に着くまで三十分も経ってはいない。

「人が生きて行く上で、そんなに急ぐことって必要なんだろうか？　いや、急ぐことなんか無いんじゃないかなって、思い始めているんですよ」

井深さんが、眼鏡を外して、ハンカチでグラスを拭きながら少し盛田さんを見た。

私はドキリとした。

「盛田、お前、そう気付いたか！　なあ！　……」

身の内の壺の水が少し揺れた気がした。

「もっとゆっくり、一時いっときを苦しんだり楽しんだりするのが人間的な生き方なんじゃないだろうかってね。窓の開く汽車で、景色を楽しみ弁当に舌鼓を打って移動する手段の方が、人間には適しているんじゃないかってね……」

井深さんが腕時計を見た。

古式ゆかしい文字盤の見易さが目を引いた。

そう思えた。

「昔なら、まだ大宮辺りかなあ、な、盛田」

「僕は、人の三倍分生きちゃってるから、それだけ人生が短いんじゃないかなぁ！」

私は返す言葉がみつけられなかった。

井深さんが遠くを見る目をなさった。

その目が、盛田さんと共に歩んだ若き日々であったのか、これからの道を見ていたのであったのか私には読めなかった。


機はぐんぐん高度を下げていた。

「急ぐなよ、なあ、なべちゃん！」

私の心の壺にしまってある盛田昭夫さんの声が、何時でも聞こえています。

——ここも合掌です——

この話は競馬の話ではない話

穐吉正孝と言う大学の先輩がいる。

大阪の「山口薬品商会」のボンボンだった。私はデビューの頃は、よく先輩のマンモスアパートの部屋に泊めてもらって助かっていたものだった。

少し交友が途切れていたのは、私が酒を飲まないからお供に連れ歩いてもつまらないからだと思う。

平成元（一九八九）年だ。これは覚えている。

何故かというと平成二（一九九〇）年に、私の遊びに一大異変が起こったからだ。

競馬に興味の無い人は、この項目を飛ばして結構です。でも、話はこんな具合でした。


久し振りに先輩に会いました。

明治大学ボクシング部の猛者だった穐吉さんは、先輩ＯＢの米倉健司さんや三迫仁志さんに可愛がられていて、私も米倉さんに近かった関係で何となく認識する間柄だった。なんという事もない交友関係だったが、私もやっと〝なべおさみ〟で通るようになっての久方ぶりの約束だった。

「メシ食おう！」

ボクシングで、重いクラスではなかった先輩が、相撲部出身の如き重量で姿を現した。

しかも、もう髷《まげ》も結えなくなった頭髪の様子が、歳以上の貫禄をみせていたので驚いた。一個か二個上の先輩だったのに、まるで大先輩に見えた。

もっと驚いたのは、焼き肉屋を出る時だった。二人で食べ尽くしたが、少しだけ余りが出て残った。その焼け残りを、全てお持ち帰りとして、葉っぱ一枚なりと詰め込んで持って出たのだ。

「カッコ付けなきゃ、これで一食のおかずになんのや！」


更に驚いたのは大阪北の新地のクラブでは先輩は大のお得意さんとみえて、開店早々の客として大歓迎だ。そりゃ私がいくら酒ダメ人間でも、そのウェルカムが営業的なものか、やって来てくれて嬉しい客なのかは、役者の直感として判る。

先輩への笑顔やおしぼりの出し方には、本当に喜んで迎えている気持ちがこもっていた。という事は、先輩の支払いが悪かったり、酒癖が悪くて迷惑を掛ける類いの人間ではないという事なのだ。

もっと驚いたのは席に着いた直後だ。水割りとウーロン茶でグラスを合わせるやいなや、隣に付いた先輩係のお嬢様の広く開いた胸元にグイと手を入れるや、グイと一握り。グイーッと一気

に飲んでクイッと起つや、

「次行こう！」

会計の場に飛んで来たママが、

「アラ、もうお帰り競馬の神様！」

「オウ、ホラよ！」

封筒を手渡す。伏し拝んで受け取るママ。私達は次の店へ。

「アラ神様！」

と寄ってたかって席に着くお嬢様達。

「なべちゃん飲めないでぇ！」

で、カチーンと乾杯。

「この娘《こ》、昨夜から入ったの。神様可愛がってやってね！」

「そうかそうか、こっち座れや」

座ったとみるや、右手のスナップは素早い。ボクシングなら電光石火のジャブだ。相撲なら素早い下手の取り方か。諸差しの上手さか。あっと声を上げる前に、グイッと一握りされていた。

グイーッと飲んで、

「よっしゃ、他《ほか》、行こ！」

あっという間に、五〜六店を廻っても一時間半だった。

先輩と向きあってコーシー（先輩は江戸っ子風に言いたがった）を飲んだ。如何にも「聞きたい事があるだろう？」風だった。実際私もそうしたかったから、純喫茶店に入ったのだ。

「先輩、あの競馬の神様って何処でも言ってるのは何ですか？」

ほう、待ってたよ、と顔に出ていた。

「ワシ、学生時代から競馬大好き人間だったよな？　知ってたろ？　ピーピーしとったで」

本当だった。「ボンボンはしょうがないな」と、私の親友の石津啓介も言っていた。彼だってVAN社長石津謙介の息子だったが、「あれほどじゃないよ！」と言っていたのだ。

先輩の試合を観に行った後楽園ホールで紹介された私だった。

「ある日、おやじに呼ばれてな、社長室に行ったんよ」

父親の社長は子に言ったそうだ。

「正孝、お前、なんぼ持って競馬場へ行っとんのや？　正直に言うてみぃ」

目を見つめられて、先輩はオタオタしたそうだ。子供の時に、こんな父親との見詰め合いがあった気がしてだ。

「ところが親父の目から目が離せなくってね」

それで、

「一〇〇万ぐらい……」

と、少し少なめに言ったそうだ。

「ふーん……」

父親が両肩に手を掛けてくれたのも、遠い記憶の彼方から戻って来ていた。

「いいか正孝、競馬かて商売と同じこっちゃ。土曜、日曜しっかり通ってみいや。さっぱり判らへんレースに銭賭けてどないするんや。相手、判らへん奴と取り引きするか？　それと同じこっちゃ。よーく研究してみいや。こないな馬となら負けへんて馬が見えて来るわい。わしは一レース目から行って、判らなんだら、ずーっと見てしまいや。一銭も使わへん。持ってった銭が一銭も減っとらんかったら、負けにはならんやろ。そのかわり一レース目に、こいつはと思う馬おったら、それにドカンと注ぎ込むのや」

息子をソファに座らせ、社長は力説した。社員が見たら、重要な会社の案件を協議していると思われたろう。

「お前は百万の金を二〇〇万、三〇〇万にして帰ったろと思ってるやろ？　それがワシと違うとこやねん。わしはな、競馬へは胴巻きに八〇〇万入れていつも出掛けるんや。そいでな、これはと思う馬に複勝を買うんや。三着までには絶対来ると思えたらドカンや。これが一一〇円付いてみい、五〇〇万入れたら五〇万の儲けやないか。そしたら終いや。そんで帰るんや。五〇万、競馬で儲けるちゅうたら大変やど。でもワシは負けん。欲を張ったら負けや。商売と一緒やで。大きい元手で小さく儲けるのが商売ってもんや。いいな正孝！　明日から、八〇〇万持って、競馬へ行ったらええ」

それから稚吉先輩は、競馬に負けるという事が無くなったと言う。

「五万勝っても一〇〇万勝っても勝ちやから。そんで帰るんよ。で、ワシは本当に負けなくなったのよ」

先輩は笑った。

私も笑った。笑ったのは自分の哀れな競馬必勝法の今までをだ。

「そやから今では、ママなんかから私もなんて頼まれて、小遣い増やしてやっとんのや」

そうか、あの手渡していたのは勝ち金なのだ。粗末に扱えない人間になっていたのだ。

「さ！　もう一軒行こや！」

突き出しのクッキーをお持ち帰りになり、先輩は会計に向かった。

一九九〇年

私も、年に六回ぐらいあるガチガチの連勝式に一点勝負に出て、負ける事が無くなった。でも一九九一年、明大事件から賭ける金が無くなった。

先輩、北の新地めぐりましょうよ！

本当の日航ハイジャック事件

それは昭和四十九年七月十五日でした。一九七四年です。

大阪伊丹空港　二十時二十分発　一二四便
前方で女性の悲鳴がした。

「キャーッ！」

機内にネズミでも走ったのだろうと、私は読んでいる「スクリーン」の誌面から目を離さなかった。騒ぎはそれだけだった。

通路側の席だったからか、やたらにトイレに行く客が多い気はしていた。

でも私の目の前のシートボックスには、もう一冊「映画の友」が入っていて、羽田に着くまでに目を通しておきたかったから、心は雑誌に集中していた。

その時大柄な外国人が二人、足音も荒く後方へと走って行った。

「……？」

少し異常だった。走りながら英語で声高に口走った言葉は引き攣《つ》っていた。

その中に、ハイジャックとかハイジャッカーとかがあったような気がした。

私の左隣の席の人が二人とも立ち去った。かなり前の席だった私より前方に居たはずの、中条きよしの姿もなかった。

ベルトを外して見渡して、少しの異常ではない事に気が付いた。もう前方の客は全て後方に去っていた。

「ハイジャック」の恐怖は誰の胸にもあった。ただ、自分の身に起きた事ではなく他人事《ひとごと》でしかなかったのだ。

その四年前、「よど号」事件が起きていた。北朝鮮へ飛び去った数々の記憶が万人の胸にあった。直ぐ模倣犯の事件や精神障害者の乗っ取り事件があって、ハイジャック騒ぎは五回も続いていたから、少しは身近なはずだろうが、後方へ身を移すくらいが関の山なのだと気付いていた。

後方を見ると、最後方にスチュワーデスがまとまっている。

それは一目で、ある恐怖に襲われてのポーズだと見てとれた。

「あれ？」

瞬間的に私は悟った。

まさに異常だ。それも非常事態の勃発だと理解した。この時、一人のスチュワーデスが近寄って来た。

「助けて下さい！」

蒼白な顔で彼女は言った。

何で私に言ってきたのかは判らない。

「コックピットの状態を、聞いてきて頂けませんか！」

目が血走っていた。

若い若いスチュワーデスだ。

「リーダーがコックピットへ連れ込まれてしまったんです！」

そうか。先任スチュワーデスを、アシスタント・パーサーと言った。この会社の大株主のヤクルト松園尚巳社長から聞いていた。日航は四月に入社したスチュワーデスを、三ヵ月間羽田の訓練所で教育する。そして七月にテスト的な実習として、古参のパーサーの下でフライト業務を仕込まれる。

まさにこの便は、そうした飛行機内に夢を乗せた若き娘達のスタートだったのだ。

そのスチュワーデスの卵達を束ねる任のアシスタント・パーサーは、刃物を突きつけられてコックピットに拉致されてしまったという。この人の下で働く四人は、実務に就いたばかりなのだ。まだ七月から始まったフライトで、何回の経験があるのだろう。まだヒヨコにもなってないのだ。実習生だろう。何故、私に頼ってきたのだろう。

少しは顔が売れていたおかげで、彼女が話し易かったのかもしれない。

前方にポツンと通路側に座って残っている姿に、頼みがいがあると思ったのかもしれない。みんなの集団から離れた私の席まで来る勇気は、立派だと思った。

「判った。何でも協力するから、言ってね」と言いながら立った。

後方へ走り去る彼女の向こうで、大勢の目が私に注がれていた。

人は群れていると安心する。

はっきり言おう。

「事なかれ主義」のまま時の流れに身をまかせているのだ。楽だからだ。

そうした絶対多数の中で身を委ねていると、安心するのだ。

これは動物の本能だと知っておこう。不思議だが、食物連鎖の為せる業《わざ》だ。

集団の中に居さえすれば、魚でも動物でも、侵入してきた外敵の手に落ちるのは自分ではないと思えるのだ。食われる恐怖が薄くなるように仕組まれている訳だ。

でないと、足の遅いライオンが足の速い動物を餌食には出来ない。魚とて同じだ。体が大きいために、小さな魚の素早さには到底追いつかない。だけど、食せる。

集団には油断がある。気の弛《ゆる》みだ。

私は独りだ。気を引き締めた。

「まかせておけ！」

というように片手を上げてみんなの注視に応えた。振り返って背を向けた時、私はレオニダスになっていたのだろうか。

三〇〇の精鋭を率いてペルシャの巨大軍団を迎え撃ったテルモピュライの戦いだ。

否、私はへまなコメディアンでしかない。誰も居ない座席の間を、ゆっくり、ゆっくり。ガランとした前方座席に、今まで見えなかった冷気の空間を感じた。

心細い。

飛行機はどの辺を飛んでいるのだろう。

窓の外は闇だ。

声が響いて来た。

慌てて手にした雑誌を胸に抱えて、何故こんなものを持っているのかを考えた。

夏上衣の下はオープンシャツだった。

それを引き上げた。

全神経が白いジュラルミンのドアに集中していた。なかなか上手く納まらなかったが、私は腹に「スクリーン」と「映画の友」の二冊を押し付けた。二冊とも厚かったし、丈夫なビニールのカバーが付いていた。

喧嘩の必需品が、腹のガードだった。水に浸した晒しが腹に巻かれるのを、喧嘩仕度として映画で観た人も多いだろう。

巻く度に濡れた和紙を挿《はさ》むと強靱になる。短刀だって通らないという。

雑誌は天与の策として、咄嗟にしでかした応急処置だったが、人間、首と腹さえ避ければ命は保てる。

腹は苦しむ。

そう学んで来た。

むざむざとは負けないぞと気負った私の耳に、

「この野郎！」

怒声と悲鳴が聞こえてきた。

「要求は羽田に着いてからだ！」

それきり会話は途絶えた。

ボソボソした会話が繰り返されていた。

恐らく管制塔とのやり取りだったろう。

この時、私にはかなりの成り行きが読めた。操縦室内から漏れて来る声から、即座に判断した状況把握だった。

その怒鳴り声は、尋常なものではなかった。恐らく機長達は、狂気の輩《やから》の振りかざす兇器に脅えながら、機を安全に運航させようと必死のはずだ。

目にはしていなくとも、コックピット内の緊迫は映画の画面を観るように映っていた。急に機は高度を下げ始めた。

後部に居る人々から驚きの声が響いた。

通路に居た人間も急いで席に着いた。

ゆっくりと最後尾に歩いてゆくと、大勢の人が私を見つめていた。短い間で肚は決まっていた。私の言葉を待っている。

スチュワーデス二人が抱き合いながら、声を出さずに泣いていた。

この機は細長かった。長い割には乗降ドアは前後二ヵ所だ。その後部ドア付近の一寸した空き場所に、びっしり人が詰めていた。

座りきれなく、禦止《ぎょし》出来なく、ただ固まった一団だった。

先程のスチュワーデスが、涙の目で私を見つめた。

みんなの目も、どうなのかを問うものだった。「どうでしたか？」と言えば、お前が見て来いと言われかねないとふんでいるのだろう。こんな時、役者なんて因果な商売です。買って出なくちゃならないんでしょう。

穏やかな日常的なケの世界の空の旅が、突然ハレの世界へと変貌を遂げたのです。

それも好むと好まざるとにかかわらず。

誰も経験しなかったハイジャックです。否、ハレジャックです。

機は、これもケの中ではあり得ない運航で、ハレの世界への下降をし続けているのです。こんな時、通路に立っている飛行なんてありえない事です。機内放送が、シートベルトを締めるようアナウンスするのが着陸三十分前くらいだ。放送すらない。

機内には、律するものが消えていた。

無秩序だ。

妄挙が無いのは日本の国民性だ。

そのくらいの意識の高さはあるのだ。

私はそれでも商売柄か、本当の事は言うべきではないなと思った。

「皆さん、皆さんが考えてる事が起きているようです」

通路を機首側に歩きながら、大きな声で言った。みんなが見渡される位置で振り返り、

「ですから、今夜デイトの約束のある方は、キャンセルをお願いします！」

笑いも拍手も起きなかった。

白けた空気も流れなかった。

それどころじゃないのだろう。大きな声で通路で話していた者も皆、席に着いたのはその証拠だ。まともじゃない飛行に、置かれている立場を弁《わきま》えたからだ。

私は離れたシートに着いた。

頭の中に「赤軍派」の文字が浮かんでいた。一九七〇年、昭和四十五年の記憶は鮮烈だ。極左の赤軍派九人のハイジャック事件と、この機の犯人との関連が身を震えさせた。何とか落ちついて行きたかった。

こんな時、武士ならどうするだろう。

人を斬りに行く武者は、どう呼吸を整えたのだろうか。

三十を過ぎた頃だろうか。かつて剣道の道に秀でた高校時代の恩師中野洋治先生から呼吸法を伝授された。それは、いち、に、さん、と鼻から息を吸い、次に、ゆっくり、いち、に、さん、し、ご、ろく、と倍の時間をかけて吐く。

これを静かに三回繰り返すというものだった。以後私は事ある度にそれを実践していた。

舞台の初日の開幕時などに「静まりの呼吸」は、絶妙に効いた。その手が生きた。私は静かに整えていた。

整えながら、乗り掛かった舟を立派に岸に着けてみせようと期していた。

その時一人の女性が私のシートに走り寄って来た。綺麗な人だった。

「ありがとうございます。私、非番で乗っている日本航空の者ですが、これから私もお手伝い致します。あの娘《こ》達は、まだ一本立ちしていない者ばかりですので、私に何なりと申し付け下さい」

「はあ！　こちらこそ何なりと！」

彼女は私服の上にエプロンを身に付けた。

「よろしく！」

「お願いします！」

さっと退って行った。後で知るのだがこの人の名は有賀みや子さん、二十三歳。

私みたいなクシュ（くず）人間に、大きな味方が付いた。呼吸法とは大地と一体になり、天地の気を我が身に晒して無になる事だ。無とは素《す》の自分に戻る事なのだ。欲も得もなくあるがままの境地か。

ヽケの世界の幸運かもしれない。

「どうなるの？」

「何とかなるさ」

と、乗客が思っている中で、

「何とかしなくては！」

と思う人間が居たのです。買って出る勇気の人が女性とは！

何十人の男が寄ってたかったって、この非番のアシスタント・パーサーには敵わないと、私は天を仰いだ。

機は天から下へ降《くだ》った。

二十一時十一分　羽田着

機はぐんぐん地上を走って進んだ。

管制官からの指示は、羽田空港の発着に支障の無いような隔離された場所への誘導だろうと思えた。着陸にバウンドした瞬間、機内に大きなどよめきが起きた。次いで滑走路から脇道の誘導路に入るや、地上から凄まじい閃光が走った。フラッシュの嵐の中を走った。報道関係のライトだろう。機内の一同に、自分が大きな事件に遭遇しているとの実感を植えつけた第一印象だった。何故か一寸した英雄気分が身の内に起こってくるのだろう。晴れがましい気持ちに酔っていた事だろう。「晴れがましい」この事こそ、通常のケの世界から離れたという事なのだが、直《じ》き、ハレの世界の恐ろしさを実感する事になるのだ。

起きている現実がハレそのものの世界なのだが、ケの世界たる、極く極く日常的な時間でしか感じていない人間には、この後、それこそ未曾有な展開が待っているのだ。

その時、この人達はどんな姿を見せるのだろうか。私は事件の渦中に居た人間として赤裸々に書き述べてしまおう。これがハイジャックを内側から見た初めての真実の話ですから。

案の定、機は空港の外れに歩を進めていた。外に灯の見えない場所だった。

「この時にはまだ政府は指針は打ち出してはいなかったがね。でもこれまでの事案から決定している事があってね。それは絶対にハイジャック機を国外に飛びたたせないという事。良かったね無事で。車輪を打ち砕いてと、名古屋では狙撃班が狙いを定めてたからね。良かった良かった！」

と、見舞いの返礼に伺った安倍晋太郎先生に言われた。先生には公安の若手キャリア達と時々引き合わされ、如何に国家を守るかの対話を交わさせてもらっていた。あの「よど号」事件を、政府は失敗として肝に銘じていた。それが日本の覚悟を生み出していた。学んだのだ。

「絶対に繰り返してはならない」が、日本政府のハイジャック事件に対する根本的姿勢なのだ。

「機を爆破してでも、飛び立たせない」の、強い暗黙の掟が出来上がっていた。

「よど号」に誘発されるように同じ年、昭和四十五年八月、模倣犯による全日空便に事件が起きている。

翌昭和四十六年五月、全日空機を、平壌行き要求の事件。精神障害者だった。

更に翌年、昭和四十七年十一月、日本航空機ハイジャック。アメリカ在住の日本人だった。そして、昭和四十九年三月、羽田から沖縄に向かった機が那覇空港到着直前にハイジャックされている。犯人は日航職員に変装した警察官に逮捕されていた。

そうして今、昭和四十九年七月。

私にも、絶対に国外へは逃亡させはしないという、日本国としての定めを認識していた下地があった。この国に住み、日本人としての私の意地も、これに合わせて進もうとあとで安倍先生に言われた通りの心を決めていたのでした。

私だけが時々、コックピット近くへ出かけて様子を窺っていた。羽田に着いて夜の十時が過ぎる頃、少し機内のみんなに変化が起きてきました。それまで、私が、機内のみんなに伝えた事は、

「ハイジャックされましたが、大丈夫です。皆さんに危害がおよばぬよう、日航側もコックピッ

ト内とやり取りしています。私達は落ち着いて待ちましょう。直きに解決しましょうから」

すると客の一人が、もう一度、コックピットの様子を見に行ってくれと言う。もうこの時点では、私はすっかり機内の代表世話人の様相を呈し、有賀さんと共に若手を駆使し飴を配ったり、飲み水を運んだりしていたのです。とにかく、コックピットからも外部からも何の連絡も来ない不安は、想像を絶するのです。これを抑えるには、もう気丈に振る舞うしかなかったのです。

これが、直きに私しか仕切れない事態が起きて来るのですから不思議です。

窓の外は真っ暗です。

もう何時間も冷たいクーラーに当てられて、夏服姿の一同に疲れが充満してきました。配る飴も尽きました。

空腹は勇気の喚起《かんき》を削いでゆきます。

私は大仰な動作で胸を叩いて言った。

「どーれ！　旅に出て来るかな！」

もう、話し合う力すら消えて、静かです。トイレに行って煙草を吸っていた人達も、気力が失せたようです。

コックピットへは足音を忍ばせた。

背中への視線が意識の中心だった。もう誰も居やしないのだ。注意など無かった。こんな時でも役者なんて嫌なもんです。役者根性って奴ですね。「大向こう受け」を意識して、前に向かって歩いているのに、意識は後ろを向いて歩いているんですから。

「どうだ！　勇気あんだろ！」

ドカーンとドアが開いて犯人が飛び出して来たら、どう対処出来るか判りゃしないというのに。


ドアは目の前だった。

いきなり大声が耳を突いた。

「この野郎！　どうなってんだ！　どうなったと聞いてんだ！」

威丈高な犯人の声だろう。

「俺の要求はたった一つだ！　府中から早く塩見を連れて来いっていってるんや！」

大阪の男だろうか。

犯人はやはり赤軍派だと思った。

府中から仲間を連れ出して北朝鮮へ飛んだのが、「よど号」事件だ。府中とは東京拘置所だ。塩見とは、恐らく赤軍派の誰かだろう。羽田へ連れてこさせて、そして飛ぶ。飛ぶところはきまっている。

「永い戦いになるだろうな」と、思った。

その時だ。

「今から待つ時間は一時間や！」

犯人の自信に満ちた声がした。

「それまでに連れて来なけりゃ……」

大きな息を吸った。

私もドアをにらんで息を吸った。

いち、に、さん、と。

そしてゆっくり吐いた。

「一時間に一人、乗客を殺して機長の窓から放り出す！　いいか！　一時間に一人や！」

私は身震いした。

窓から放り出される自分を考えたからだ。

「いいか！　一時間に一人だぞ！」

そして、これは更に大声だった。

「覚悟しとけぇ！」

覚悟はとっくにしていたけど、犯人の興奮具合を考えればやるだろう。

後部座席で見守る人達に、この言葉は聞かせられやしない。ここはコックピット内の人間と私だけでお終いにしておこう。

「いいかぁ！　早く連れて来い！　一時間に一人ずつ殺すからな！　覚悟しとけぇ！」

私は奥歯を嚙みしめた。役者なんて本当に因果な商売だ。ああ因果な商売だ。

私の頭に浮かんで来たのは、女房や子供だった。私が機内で殺されたら、どう思うだろう。むざむざ犯人の言いなりに殺されたのか、最後まで、徹底抗戦で死んだのかは問題だろう。男は死に様だと心に期して生きている男として、親として、役者として、死に方は問題だと思えた。

向かって殺されるか、逃げて殺されるかだ。もうとっくに肚を括っていた。

この肚を括る生き様を、三十五歳の今までに何度も経験して来たのだ。肚は出来ていた。

「さて、誰を殺そう！」

と犯人が考えて出て来たなら、私が真っ先に立ち開《はだか》るだろう。そう決めているのだ。

「あっ、こいつ、見た顔だな！」

そう思うだろう。間違いない。そして気付く。これも間違いない。売れてたから。

「なべ！　なべおさみだ！」

犯人の頭がくるくる回転して、

「こいつを放り投げたらインパクトあるな！」

そう思うんだろう。思うさ、思うよ、思わないわけないさ。

俺はそうでなくても機内では目立っていたし、犯人と戦わないわけにはいかない。

犯人が、殺そうとしてくるのを、黙ってむざむざ殺されてなんかいられない。

白羽の矢が俺ではなく、か弱い女性に立てられたとしても、その前に両手を広げて立たなければなるまいなぁ。

人気商売だもの、それが運命だろうなぁ。それで敗れたとしても、逃げて背中を撃たれたんじゃないから、家族は俺の死に光を見出すだろうなぁ。そうした稼業だから分不相応な稼ぎも出来るんだろうし。

犯人との戦いは喧嘩なんかじゃないんだが、相手がどれだけ経験を積んでるかだ。なら、こっちも死ぬ気で行くんだから血路は見出せるかもしれない。「おい悪いようにゃしないから、話し合おうや！」と切り出したらどうなるだろう。案外、判り合えるかもしれないなぁ等と思ったりするほど、コックピットの中はエキサイトしていた。こんな調子なら、殺す人間を探しに出て来たら、真っ先に目に付かせれば良いだけだ。他の人に目が行く前にだ。

「おう、いい奴が居るじゃないか！」

となったら、孤軍奮闘あるのみだ。

『真昼の決闘』のテーマが流れて、孤独な保安官ゲイリー・クーパーが俺だ。

死ぬなら死ぬで恰好良くだ。無様な死は役者に似合わない。一時間目の殺しの相手なら、二時間目の選択は無いように戦ってみせよう。でも、この話はコックピットの中の人間と私の胸に納めておこうと決めた。

羽田空港では四時間の時が流れる。

機内の全員が、犯人も含めて、ハイジャックなどといった大それた事件は初めて経験する事だったから、一寸先が見えない時が刻まれていたのだ。

機は黒い影となってひっそりと佇んでいた。駐機している四時間近くを、エンジンをつけたままのDC－8は、クーラーを効かしたままであった。実に寒々として羽田空港の片隅で蹲《うずくま》っていたのである。もう機内中が冷蔵庫でした。

私にこの寒さはどうにかならないかと訴えて来た婦人が居た。

私は前方の厨房の仕切りに下がるカーテンを力まかせに引っぺがした。

キャリリンと音を立てて外れた。

それを持って赤ん坊を抱いていた若いお母さんの席へ運んだ。冷えに冷えた機内の実情などコックピット内の人間に思い付く余裕など無かった事になる。

膝かけ毛布が人数分有るわけも無かったから、長時間の低温に参っていたのだ。

私は窓のカーテンでも何でも防寒になるなら取り外して使おうと大声で伝えた。

この頃までは「良くやるよォ！」と、内心蔑んでいた人も居たはずだ。そう思われようが私は明るく振る舞っていた。馬鹿馬鹿しいほど陽気に行動していた。コックピットと外部との、火花を散らす現実を悟らしてはならないと決めたからだ。時折コックピットに近寄って、エスカレートしてゆく緊迫なぞ、有賀さんにも中条きよしにも話して聞かせられるものではなかった。

私の手元には当時の新聞や雑誌の切り抜きが、あらかた保存されている。私が首を傾げる記述が多多ある。ここまで読んできた事とこれから読む事が真実だから、心して欲しい。こうした事は、それぞれの都合で伝わってしまうものだが、私が見聞し、何より渦中で行動していた数少ない人間の一人として語る事だから、それを信じて欲しい。

さて、機内の人間には外の出来事が判らぬ。どのように時は流れていたのだろうか。

それを記しておこう。

ドキュメントはこうなる。

一九七四（昭和四十九）年七月十五日

午後八時十九分　日航一二四便　大阪伊丹空港を離陸

同　三十五分　「ハイジャックされた」と、機長から日航のオペレーションセンターの運航統制室に緊急連絡

同　四十五分　日航から運輸省航空局へ事件の第一報

同　四十六分　警視庁にハイジャック第一報。一報は田中角栄首相の私邸にも

同　四十八分　犯人は塩見孝也の釈放などを要求

九時五分　中村大造運輸省航空局長、霞が関の本省に到着
同　十一分　一二四便　羽田空港に着陸。C－8番スポットに
同　十三分　空港C滑走路閉鎖。機長を通じて犯人と管制塔との無線交信始まる
同　二十分　警視庁に最高警備本部設置。機動隊七個中隊三〇〇人、羽田空港に出動
同　四十分　日航対策本部、羽田オペレーションセンター旧館内に設置
十時　羽田東急ホテルに乗客の家族控え室を開設。家族ら三〇人がかけつける
同　高橋幹夫警察庁長官、警察庁の対策本部に
同　十五分　警備艇六隻を出動、海からも厳戒体制
十一時二十五分　日航オペレーションセンターで乗客名簿（片かな）を発表
同　四十三分　犯人、パーサーを切りつけたとの通報
十六日
午前零時　警視庁捜査一課と機動捜査隊の混成隊一〇人が、C－8駐機場に向かう
一時〇五分　ハイジャック機は前照灯をつけ、C滑走路へ向かい、三分後夜空に消える
同　十五分　運輸省は大阪、名古屋両空港に、緊急着陸に備えるよう指令する
同　十九分　ハイジャック機箱根上空を通過
同　二十分　運輸省は、航空自衛隊浜松基地に、ハイジャック機が緊急着陸できるかを打診
同　三十四分　ハイジャック機浜松上空を通過

同　四十五分　愛知県警、警官一三〇人を名古屋空港に配置
同　五十二分　ハイジャック機名古屋空港に着陸

当初警察庁公安部では犯人は赤軍派か赤軍派の周辺にいる一匹オオカミ的な過激派活動家とみて本格的な捜査をはじめた。特に、昭和四十七年五月テルアビブ空港乱射事件を起こした奥平グループの活動家の中で、現在国内での所在が不明になっているものが数名いるため、この中に乗っ取り事件の犯人がいる可能性もあるとしている。

大阪空港には十五日「ハイジャッカーの仲間」と名乗る男から二回、怪電話がかかっていた。一度目は午後九時十三分で「ハイジャックの一味だ。先日来、爆弾騒ぎを起こしている者だが、きょう一二四便をハイジャックした」というもの。二度目は午後九時三十一分に「東京発ロサンゼルス行き六〇二便などに爆弾を仕掛ける計画だったが、今度のハイジャックだけにしたので一応伝える」との内容。いずれも同一人物とみられる若い男だった。日航大阪支店には六月二十六日にも三回爆弾予告電話がかかり、七月十二日にも五回、この日を合わせると計一〇回の脅迫電話があった。キャセイパシフィック航空などにも同様の電話が掛かっている。同本部では今度のハイジャックとの関連を調べている。

これでお判り頂けよう。

必死で南極大陸のブリザードの中で放置された犬達が生きたように、私達は私達で切り忘れら

れた冷房装置と戦っていたのだ。

さて、この間日本航空は手も足も出なかったとしか言いようがない。東急ホテルで家族側から「いっこうに、どうなっているか報告がないのはどうした事か」と詰め寄られて、日航側の責任者はこう答えている。

「この問題は日航ではなく政府がやること。どうなっているのか良く判りません」


十時ごろテレビクルー等が近寄って来たのか、フラッシュではなく、こうこうとライトに照らされた。途端に機が突然動きだした。報道陣も警官隊も三〇〇メートル離された。これは私達には判らぬ事だったが、ルームライトが急に落ち犯人の苛立ちが感じられた。私だけでなく機内の暗さは、そのままみんなの心の暗さになっていった。

恐らく一寸のばしに犯人の要求を先のばしにしながら、政府は思案をめぐらせていたのだと思う。日航に策はなかったろう。

給油を許して欲しくないと私は願っていた。逃がれる先は赤い国しかない。

その先鞭はついているのだ。

向かうならそこだと見当は私でも付いた。

「よど号」では、山村（新次郎）運輸政務次官と入れかわりに乗客は解放され、北朝鮮到着後、犯人達は逃げおおせている。

その轍《てつ》は踏まないだろうと察したが、まさか「車輪を爆破してでも海外へは飛ばさせない」と決めていたとは、事件後、安倍晋太郎先生に聞くまでは知る由もなかった。羽田では躊躇があったのだろうが、名古屋では爆薬が密かに仕掛けられていた気がする。羽田の時のように急に走り出したら、ただでは済まなかったはずだ。絶対に滑走は不可能だったのだ。

さて、話を少し前にもどそう。羽田を突如飛びたった一時〇五分。

ここからが……。

ドラマの始まりであった。恐怖の仕掛人が誰かをはっきり知って欲しい。

何の前触れもなく、突然、機は走り出した。降りた時同様の、もの凄い走りで滑走路に飛び出し、そのまま一気に真っ暗な大空へと飛び立ったのだ。管制塔など無視だったのだ。その上昇も乱暴なほどの急角度だった。どこかで悲鳴が上っていた。

何人かが通路を転がった。

私は背もたれに強く押しつけられ、おののいていた。

その時だ。

機内放送のプツンと入った音がした。

「機長から皆様に申し上げます。我々はこれより北朝鮮に向かって飛行致します。犯人の皆様に申し上げます。我々は柔順にあなたがたに従っております。どうか機内で爆弾だけは使用しないで下さい」

哀願するように必死の声だった。更に機長は、

「どうか爆弾だけは、使用しないで下さーい！」

プツンと切れた。

真っ暗闇の中を、機はぐんぐん上昇を続けていた。まるで戦闘機のようだと思った。

「お母さーん！」

若い女の泣き声が響いた。

近くに座ったスチュワーデスだった。

私も一瞬、暗い空中で飛散してゆく機を心に浮かべて、ぞっとした。

北朝鮮もショックだった。

何よりもショックだったのは、犯人が一人ではない事を機長が言ってみせた事だった。「犯人」が「犯人達」になり、単独ではなく複数だと教えられたのだ。これ以上のショックはない。

「犯人の皆さん！」は衝撃だった。

今まで、コックピットから離れてさえいれば、何となく安心だという気がしていた者達に、そんなムードを消し飛ばさせる真実だった。飛行している機内での機長の言葉は絶対であった。四時間の沈黙の後で、この発言。機長の年齢は後で知るのだが、私と同世代だった。私が自分の世界で若輩者であるのと同様、彼もまた、パイロットの世界では新鋭の域を出なかったのだろう。

何だなんだこのアナウンスは！　あの哀願ぶりに全てが出ていると思えた。

「エリートだな！」

私は直感的にそう思った。はっきり言おう。「男じゃない」

少々の泥水を浴びた人間なら、あんな無責任な言葉は吐かない。あれじゃ弱音だ。

あえて言うが、この発言から機内は不信と懐疑がうずまき、会話のない暗黒の世界へと転落していったのです。

この事件が落着して、冷静にふりかえった時、あの突如として暗黒の世界に飛び出して、ぐいぐい機首を中天高くに向かって行かせる中での、いきなりの発言は、終生忘れる事の出来ない暴言であったと四十年過ぎても思うのです。あの機内放送が、プチンと切れた後の静まりを、同時に私は忘れていない。あんな恐ろしい思いに突き落とされた事は無い。

直ぐに発された「お母さーん！」の叫びと泣き出した娘が、機内を与《あず》かる身なのだと知った時、機長として全体を与かる人間としての資質さえ、考えさせられたものだった。これで機長かと。機内に異様な匂いが流れた。発生源は、そこかしこだった。

余りの恐怖で失禁した者が出たのだろう。今まで、人と軽口を飛ばしあう事で恐怖を逃れて来ていた人々が、隣席の人間が急に赤の他人に変わってしまい、更に、犯人グループの一員ではないかとさえ思い始めてしまったのだ。これが静まりかえった原因だ。仲間が居たと知らされたからだ。

「……柔順に従っております。どうか爆弾だけは使用しないで下さい！」

髭をはやしたりして、怪しい！

大人しそうに見えるが、おかしい！

どうも余り喋りたがらないと思った！

目付きが……！

口が臭い！　……臭うなぁ……！

……この髪形は何だ……！

「疑心暗鬼を生ず」の世界は修羅だ。

静寂だが静けさなど微塵も無かった。

話せず固まった。己の世界に籠《こも》って閉じた静けさだった。

頭の中で、空中、爆発して飛散してゆく光景を、どれだけの人間が見ていたろうか。

行った事も、見た事も無い国へと飛んでいたのだ。「よど号」事件を浮かべていたろうか。「給油の為、名古屋空港へ緊急着陸致します」と、あったかどうか忘れた。だが、降りたったのは名古屋空港だった。

機が、何処へ運ばれるかは想像出来た。

羽田と違い、発着の本数が違う。飛行場の外れた場所に停止させれば、後々の運航が助かるだろう。そして万一、飛行機に最悪の事態が起きた時にも、弊害は少ない。

したがって、外れの外れだろう。

政府は名古屋に的を絞っていた。

恐らく浜松から自衛隊員も、大型ヘリで移動していたと思う。

機は、一時五十二分着陸した。目的は給油だった。日航機が浜松上空を飛んでいる時に、政府は名古屋空港に万全のてぐすねをひいていたのだ。着陸七分前には一三〇人の警官が配置されていたというが、ここから終結までの二時間半のうちに、機を取り巻く重火器は、「機を打ち崩しても、国外脱出させるな」の理念にそって準備されつくしていたのだろう。そして照準は全車輪だったろう。そして車輪止めも塡《は》められていたはずだ。

照らされたライトから、充分待ち受けられていた事が判った。羽田での四時間は、あらゆる想定を企てるに充分な時間だった。ライトは犯人へのフェイントで、その間に細工し始めたのだろう。

日本国家は、学んできていた。

だが、どんなに周到な対応でも、犯人の狂気には勝てない。

ほんのわずかの憤りで、スイッチが入れられたら最期なのだ。全てが吹き飛ぶ。

機は案の定、暗黒の中に停まった。

同時に冷房が切れた。

長い時間冷やされ続けた体に、やっと人心地が戻って来た。

もう誰をも信じられないという観念の中で、私へのタレントとしての認知は大きいものがあった。

パーサーもどきの舞振を、苦苦しく思っていた諸氏も、誰が赤軍派かもしれない猜疑心の中でのなべおさみは、間違いなく犯人グループの一員では無かった。

子供のように手を上げて私を求めた。ほんのさっきまで、小馬鹿にした目しか投げつけていなかった人がだ。

「はい！」

「トイレ行って来て良いですか？」

「はい、どうぞ！」

こんなだ。

有賀さんも卵達を指揮して奮闘していた。

「様子を見て来ようか？」

「お願いします」

コックピット近辺には冷気が残っていた。そろりそろりと歩く道筋に、頭から汗が伝って流れていた。お腹に入れた雑誌のビニール表紙が、肌に貼り付いて気持ちが悪い。

冷房が切れて、たまらぬ暑さだ。人間なんて勝手なもんだ。あればあったで、なければないで直ぐこれだ。団扇《うちわ》育ちの私でも、これなんだからクーラー育ちの者には辛いだろう。

「何をしてやがる！　モタモタさせるな！　給油だろ給油！」

脅されている機長達だ。

「殺さな判らんのか！」

狂気の世界が狭い空間に充満すれば、さっきの機長の言動になるかもと、深く思った。それにしても……。

「放り出すぞ、こら！」


私は通路を小走りに戻った。

みんなの目が注がれた。一気に話した。

「私は決心をしました。もし、この中に犯人の仲間が居るとしても、私は犯人が出て来たら犯人と戦います。それで、私が戦った時、手助けして欲しいんです。私と共に戦ってくれる人が居たら手を上げて下さい。正直いって、コックピットは危険な状態です。ですから、皆さんを後ろのドアから脱出させせます。その準備の為に、コックピットを注意しながら共に闘ってくれる人、ありませんか！」

私は役者です。

役者であるが為に、やっと信用されて一時間を世話焼きで過ごせたのだ。

もう限界が、みんなに来ていた。

脱出しかない。

闘うしかない。

私が先頭切って戦うから、助勢して欲しいと訴えたのだ。

何となんと八本の手が上った。

「一般乗客七〇」の中から、八人の手が上がったのだ。

直ぐに義勇軍として採用だ。

「八人の侍」の誕生だった。

彼らを前方の雑誌置き場に連れていった。

「ここから雑誌を腹に入れて下さい」

私は自分の腹を割って見せた。

「人間、腹さえ守ったら、めったに死にません！」

私は、恐らく犯人は単独だと思うと伝えた。これから脱出方法を検討し、実行しようと明かした。もしドアを開いたら、何らかの反応でコックピットに知られ、犯人に感知されたらまずい。

そこをどうするかだった。

もし気付かれて犯人が出て来たら、私が責任もって戦うからと、腹の雑誌を叩いてみせた。さて、この人々だが後で判っただけでも、ほとんどが中小企業の社長さんばかりだった。こんな時、手を上げる勇気は蛮勇ではない。神勇なのだ。人知では考えることのできない勇気を言う。まさに神勇だ。機内に、男が居てくれた。

食われるのも恐れず、幼子を守る為に角をふりかざす母親獣の姿だ。

乗客の中には大企業のそれなりの人間もいた。ひとつ違うのは、この方々は会社や組織の上の人間からの命令を受け、立派に処理出来る能力に秀でた人々だ。

一方、「八人の侍」は、小規模な会社だが、銀行の手当てや社員の事、会社の管理経営と須《すべから》く己の才覚で運営しなければならない。考えて実行して、なんぼの世界だ。潰せないからだ。その違いが全てだった。与えられた事をそつなく出来る者より、己で考えて行動している人間しか死力は出せないと知った。手を上げない理由も良く判る。上げる男も理解出来る。

しかし、事におよんで一歩踏み出せるのが、男というものなのだと考えさせられた。今でも私は、手を上げた者こそが、あの事件の中で見た男の正念場での所作であり、隠れた英雄だったと信じています。居るんです。こうした勇気を持った人間が。

報道になんか少しも登場しない、本当のあの時の英雄です。報道の人間こそ「見《けん》の目弱く、観《かん》の目つよく」でしょう。

機の知識は有賀さんから教えてもらった。もし、後部ドアを開けたり、脱出シュートを作動させたりすれば、コックピット内にそれを知らせる点滅が生まれる。そうすれば犯人に知れてしまう。なら、手早くやるしかない。八人の侍と有賀さんに私のアイデアを話した。降りている最中に犯人が襲ってきたら、怪我人を出してしまうかもしれない。そこで、一瞬だけドアを開け、一人だけ脱出させて、パッと閉めようと。下には機動隊も待機していようから、実状を伝えるのだ。

「このドアから地上まで、どのくらいの高さですかね？」

有賀さんの顔が曇った。

私達はその思案は何なのかと思った。

言い淀んでいるようだった。

その時だった。

後部ドア横に設置されている客室乗務員用のインターフォンが高らかに鳴った。

私達は通路をかけもどった。

スチュワーデスが引き攣った顔でたじろいでいる。私達に囲まれて受話器を手にした。大声が飛び出して来て、驚いた彼女は私達に受話器を向けた。

「助けてくれぇ！」

大勢が身を固くして固唾を飲んだ。

押し殺しているが、とても小声とは言えなかった。

「助けに来てくれぇ、非常に危険な状態だ、義勇軍でドアを蹴破って助けに来てくれぇ」

全員が騒然となった。

「ドアを開けろ！」

「ドアを開けよう！」

ドアとは操縦室のドアではない。後部昇降口の事だった。

乗客から堰を切ったように、ドアを開けようと声が上がった。

「助けてくれぇ！」「助けてくれぇ！」

泣き叫ぶような声が響いた。機長だ。

失禁の臭気が漂った。

「開けられません！」

凛とした声だった。

有賀さんだった。

「開けられないってよぉ！　開けちゃおうよ！」と、私の横で誰かがパニック状態になって私に言った。私は思い切り横びんたを一つくれた。それで少しはみんなも落ち着いた。

ピンポン　ピンポン
受話器からは「助けてくれぇ！　助けてくれぇ！」が続いた。パニックが襲ってきた。

新聞に載ってはいない現実だ。文字通り、阿鼻叫喚《あびきょうかん》の世界だ。

「事実は報道より奇なり」だ。

この時、コックピットと機外では、こんなドキュメントが続いていた。

午前三時十八分

タンクローリー車に給油命令出る

乗員（機長かどうかは不明）「一二〇メートル離れてライトを消して並べ。五〇メートル前進。四人（作業員）ともゆっくり歩いてくるように」

同　三十五分

乗員「タンクローリーをゆっくり前進させて機首前二〇～三〇メートルでストップせよ。二台、三台目のタンクローリー車も準備して下さい」

同　三十七分

乗員「燃料の積載を始めてください」。（突然）機長「フライトエンジニアの首に刃物が……」

乗員「すぐに補給を開始して下さい」。タワー「ホースが届かない」乗員「早く早く。満タンにして下さい」

同　三十九分

（対策本部で）佐藤文生代議士「赤ん坊や女性だけはすぐに降ろせと伝えてくれ」

乗員「ウィングが高いのでホースが届かない」
タワー「届かないので脚立を持って来て良いか」

同　四十一分

乗員「燃料補給を早くしてください」。（対策本部で）徳永正利運輸相「乗客や女、子供をなんとか降ろす方法はないか」。（すごく急いだ声で）乗員「早く、早く。燃料を入れろ」「早く入れて下さい。早く、早く」

同　四十三分

棚橋課長「後部から二人脱出したようだが、警察情報なので確認は出来ない」
タワー「乗客を降ろしてくれるよう交渉してほしい。女、子供、けが人を降ろしてほしい」

同　四十五分

機長「交渉しています」。（小さな声で）機長「二人脱出」
乗員「満タンになるまで油を入れて下さい」

同　四十七分

（かん高い声で）犯人「こんなに（時間が）かかるはずがない」
機長「私が冷静な気持ちで落ち着いています」

同　五十五分

（乗客が脱出を始めたらしく、大勢の人が飛行機へかけつける）

同　五十七分
棚橋課長「お客が降りた。警察がはいったようです」

同　五十八分
乗員「もうダメでしょうか。今のところ見込みありません」（意味不明）
機長「テレビのライトをつけないようにして下さい」

四時
乗員「燃料補給を早くせよ。ごたごたしてないで飛行機を照らすライトを消して下さい」
（犯人は乗客が降りているのに気づかないらしい）

同　二分
（大声で）機長「フラッシュたくな。明るくするな」

同　四分
（興奮した声で）犯人「左側のライト消せ、消せ。なにやってんのだ。みせてやるぞ。みせてやるんだ。オレがなぁ……。だましたか、コレは何だ。五時間も六時間もかかって入れるのか。機種がわかっているんだから。オレは知っている。そんなこと知らないで、こんなことできるか。何をするか、わからないぞ。みせてやろうか」

同　五分
棚橋課長「乗客は全員降りた」。犯人「ライトを全部消せ」

乗員「オイルをどんどん入れろ」。タワー「そのとおりに手配します。満タンになるには何時間かかるかわかりませんよ」

同　九分

棚橋課長「交信がしばらく途絶えた。何か起きたのではないか」

同　十三分

犯人「ライトを消さなければ一人殺す。機長の窓から殺して出す。わかりやすいように機長の窓から出す」

タワー「ライトのところへとんで行くからしばらく待て」

同　十六分

犯人「ガソリンをどんどん入れろ」

同　十九分

（急に）犯人「タンクローリーを来させるな」（犯人は乗客が降りた事に気づいたようす）

同　二十一分

棚橋課長「平壌の情報をカンパニーラジオで機長に流そうとしたが何の応答もない。何かあったのかもしれない。六回呼んでも七回呼んでも返事がない」

タワー「ジャパンエアライン１２４。ジィス・イズ・ジャパン・エア・ナゴヤ」（繰り返し繰り返し八分間呼びかけるが応答がない。対策本部から、機内に異常が起きたのではないかと徳永運輸相が電話のそ

ばにかけつける）

同　二十九分

（おし殺したような低い声で）機長「どうぞ」

同　三十二分

乗員「燃料の補給を早くしないとどんどん危険な状態になってくる。もう一台タンクローリーを持って来て……」

同　三十五分

乗員「二台目のタンクローリーを機首の前方五〇～六〇メートルの所へつけて下さい」

同　三十六分

棚橋課長「警察情報ではスチュワーデスが、トイレに行くのを機に犯人をつかまえたようだ」（しばらく交信が中断）

同　五十八分

（大声で）乗員「犯人逮捕」「犯人がけがしただけです。全員無事」

対策本部では徳永運輸相が両手をあげて〝バンザイ〟と叫ぶ。そのあと運輸相は「みなさんの協力でこうした結果をみて本当にありがたい。こんなことが二度とないよう万全をきしてゆきます」と感想をもらした

同　五時三十分過ぎ

日航の朝田静夫社長は記者会見で、事件解決のカギは乗客の「冷静、沈着な行動と協力」だったと強調。乗員や非番のスチュワーデスが「日ごろの責任感と使命感に徹した」こともつけくわえた

少し前の機内に戻ろう。

押し殺したような声で自分を失った機長の救援要請があったが八人の侍と相談、これは無視。私は有賀さんに言った。

「ドアを蹴破ろうにも、そうされないように出来ているでしょう。ドンドンやったら、中の犯人を刺激して何が起こるか判りません」。そこで一つの考えを示した。

「どのくらいの高さですか？」

彼女の美しい顔が眉をひそめ険しくなった。目の動きが止まった。

「美しい！」と思った。こんな戦場場面でもそう思わせるのだから、女は素晴らしい。

「三メートル！」

と彼女は言った。

私の目論見は外れた。後部ドアを少しだけ開け、そこから一人飛び降りさせようと考えたのだ。コックピットでランプが点滅しても、すぐ閉めれば大丈夫だと判断したのだが三メートルの高さならば大変だ。下はコンクリート路なのだ。両足骨折もある。

「よーし、みんなでロープを造ろう」

八人の侍も率先して、膝かけ毛布とカーテンを縒《よ》り合わせて、ロープを造り始めた。

みんなが昂奮して、賑やかになるのを抑えるのも大変だった。

八人の侍の内の三人はコックピットと最後尾の中間の位置の座席の間に伏せさせて、見張りの役になってもらった。何かあれば大声で知らせてくれれば私が取っ組むと宣言していた。

足りない分はどんどんカーテンを外させた。作業を進めながら、計画遂行の後、脱出シュートからの滑り降りの混乱を避ける為、私の独断と偏見で、降りる順番を決定していった。

「私の言う順に、この通路に並んで下さい」

いの一番は赤ちゃんを抱いた奥さんだった。それから高齢の女性と続いた。

作業をする人間の声が高まった。

「静かに！　気づかれないように！」

外国人二人が一緒にロープ造りに汗だくだ。

有賀さんに説明した。

「ロープで縛って一人降ろします。素早くやりますから大丈夫です」

彼女には彼女の立場があるようで眉間のしわは取れなかった。

「ヒールは脱いで手に持って下さい。ハンドバッグ等は置いといて大丈夫です。手に持たないで降りましょう」

通路に順番に座った。

八人の侍が後方支援部隊だった。私より年輩の人が多かった。怠りなくコックピットへ神経を投げていた。

急ごしらえの怪しげなロープが出来上がった。私は一人の小柄で敏捷そうな男性を選んだ。

「あなたを縛って、ここから降ろします。下には機動隊が居ますから、誰か一人縛ってこれで引き上げます。ＯＫだったらツンツンと合図して下さい。引き上げます」

うん、と力強く頷いた、その時だった。

ドアを開けるノブはプラスチックのカバーに覆われていた。

そのカバーに抱きついた男がいた。

低い位置にしゃがみ込んだ男は、両手でカバーにしがみつき大声で泣き叫んだ。

「俺を一番先に降ろしてくれ！　俺を一番に降ろしてくれぇ！」

これ、真実なんです（立派な会社の立派な立場の人間でした）。

みんな唖然としたのです。恐怖は頂点に達していたのです。

「ここに赤ちゃん抱いた奥さんが居るだろう。この人が一番に降りるんだから！」

「あー！　降ろしてくれぇ！　降ろしてくれぇ！」

泣き叫ぶばかりです。しがみ付いてカバーから離れない。「私を先に降ろしてくれぇ！」

みんなの顔も、この騒ぎ声がコックピットにとどかないかと心配になりました。

「よーし、じゃこうしよう。あなたを縛っておろそう」

そうして、これが三時四十三分「後部から二人脱出したようだが、警察情報なので確認は出来ない」との棚橋課長の言葉になるわけです。急がなければならない非常時に、大の大人のこの行動を、笑う事は出来ません。

こんな人間も居るってことです。いの一番に降りて危急を知らせた勇気ある人……。

(この人が報道では英雄に……)でも、真実は一つですから。

さて、おろす為に、皆んなで力を合わせて作業をしたのですが、ついにみんなの口から、せーの、せーの、と声が漏れてしまうのです。気づくと声を合わせて、

「せーの！　せーの！」でした。

気づいて、

「シーィ！」となって、ゆっくり静かに降ろすのですが、いつの間にか、

「せーの！　せーの！」となるのでした。

二人降ろしました。

ツンツンと合図が来ました。

みんなで引っ張ると、少し開いたドアの隙間から、実に痩せっぽちでど近眼の青年が引き上げられて来ました。何たる頼りなさ。

「もう、大丈夫ですよ！」

と言うやいなや、素早い動きでコックピット方面へ素っ飛んで行きました。

やはり凄い人なんでしょう。

私は一気にドアを全開にし、そうして脱出シュートの赤いレバーを引きました。

ぱーっと、もの凄い早さで地上へのお滑り台が出現していました。

「さあ！　もう大丈夫ですよ！」

若いお母さんが赤ちゃんを抱いて滑って行きました。一人一人の背中を叩いて、着地をたしかめて降ろしました。全員が降りると、入れかわりに、どっと機動隊が上がって来ました。スチュワーデスが四人、泣き顔で立ち竦《すく》んでいました。ここまで良く耐えました。

「さあ、降りましょう！」

「いえ、私達は降りられないのです」

そうか、コックピットの囚われの者は会社の人間なのだ。


下に降りて驚いた。

誰もおりません。

私一人がポツンと、これから攻防の続く飛行機を見上げて残されていたのです。

日本航空って、どんな会社なんだ？　乗客数もたしかめないのか？


朝四時半ごろでしょうか。

明るく輝くターミナルに向かって歩きました。降りた人間をチェックして、一人欠けてるぞと思わないのだろうか。日本航空なんてたいした会社じゃないやとぼやきながら、歩いた、歩いた。

朝の静寂の中、すぐそこにあるターミナルの遠いのなんの。空港って広いんだなぁと、呆れながら歩いた。雑草が背の丈ぐらいに伸びている場所を横切ったり、池みたいに水の溜まった箇処があったり往生しました。

なんと一時間半も歩いたのです。

迎えなんかありゃしません。

ひどい会社です日本航空って（だから倒産したんですよね）。昔の日本航空の話です。

やっと明るいロビーに、よろめくように入って行くと、日航職員らしき人が飛んで来ました。やれ嬉しや、喉も渇いたし腹もペコペコだから、これは助かったと正直思いました。でも、この会社、なってなかったですよ。私、はっきりこの頃の日本航空は駄目って書いてるでしょう。駄目でした。

そのまま一室に引きずり込まれたのです。

「大変でしたね、御苦労様でした！」もなく、一方的にこう申し渡されたのです。お茶ひとつ出て来ずに、出て来たのは小言でした。

「あなた、内側から飛行機のドアを開けましたね。脱出シュートの操作もしましたね。これは大きな過ちです。飛行機には飛行機の規約というものがあるんです」

「…………」

「御存じないですね。国際航空法というものがありまして、あなたの行為はこれに明らかに違反するわけです。困りました。違反しておりましてね。民間人がドアの開閉をしてはならないと、きっぱり定められておるんです。これに当たるんです」

おそらく私は言葉も無かったと思う。

ただ唇だけは尖って突き出ていたと思う。

「そこで……」

と彼は萎《しお》れた私に覆い被さるように言った。

「そこで当社では、これをあなたの為に内分にしようと決めました」

「…………」

「つきましてはそちら様も、この件に関しては、一切、口にしないと誓って頂けませんか！」

「…………」

「とりあえず本日の記者会見には、出席を控えて頂きます」

私が会見場の隅を通り掛かると、機長達が会見していた。

「私達は、日頃からこうした事を想定して、訓練をつんでおりますから、割と落ち着いて行動出来ました」

私が耳にした言葉です。ああ……私は黙って通り過ぎました。

ああ、人生って、色んな人間がいますが、やっぱり白洲次郎さんのおっしゃった、本物、偽者、似非者って事ですね。

後日、有賀みや子さんから分厚い封書が届いた。コックピットに閉じ込められていたアシスタント・パーサーの重松まり子さんも、御礼状を下さった。

二人がそれぞれ結婚し、その姓が変わるまで、年賀状のやり取りは続いた。

あれから、平成二十七（二〇一五）年までの月日は四十一年も流れた。

流れて消えたものもあるが、私の記憶からは流れて消えないものもあるのだから、この事件を記したのです。

人間がハイジャックにあうのは六〇〇〇万回に一つだそうです。これがラッキーな経験なのかどうか……。極限の世界の、これは真実の「報告書」です。

ＮＨＫ……！

これじゃ干上がってしまうと思った。

辛い話で申し訳ないが、少しだけおつきあいして下さる？

何しろ平成三（一九九一）年五月一日、記者会見を余儀なくされ、その日からレギュラー番組や制作済みでオンエアー寸前のコマーシャルなど、全ての芸能活動を中止したから、無収入状態が六年も続いていたのだ。

一年間は六人居た自分の事務所の人間と生きていたが、全てを閉《し》めて過ごさざるを得なくなっていった。もう家族だけで生きていくしかなかった。息子はビートたけしさんの付人として家を出ていたから、妻と娘と三人で肩寄せ合うというか……。

こうした過ごし方は自分に無かったから、四六時中顔を合わせていなければならず、家族もやりにくかったろう。私はビデオ映画を観まくって過ごした。私は貸しビデオ屋から借りて来るのが嫌いで、置ききれなくなったビデオを安く買いとるのが得手だった。

その数は一六〇〇本を超えていた。

これはＤＶＤの時代が来る少し前に、歌手の鳥羽一郎さんに連れて行ってもらった広島の呉市郷原町の青年団に、全て提供した。

今でも団長の木原福之さんは米を送ってくれる。私が「メシが食えない話」をしたので、メシを送ってくれるのだから嬉しい。

五年も六年も仕事が出来ず、蟄居していると、人には言えない暗澹《あんたん》たる気持ちに支配されてくる。つまり精神的に参ってしまう。

どんなに歯を食いしばっていても、深夜独りで風呂につかっていたりすると、身の内が冷え切っているのが判る。額から汗がしたたり落ちているのに、身は冷えびえしているのだ。冬でもないというのに寒いのだ。それは、ふと、「俺は又、仕事にもどれるかな？」と、考えた途端、私の身体の内部に太く長い氷柱《つらら》が突き刺さっていると自覚出来るのだ。

これが私をまんじりともさせない正体だと気付いた。この氷柱の為に、どれだけ奇病に悩まされて来た事か。

とにかく仕事さえ出来れば何とかなると、私の中の半分の私が促していたし、もう半分の私も悟っていた。

私はテレビに出たかった。

月日の無駄に流れて行く末に、なべおさみが忘れさられ自身が朽ち果てて行く気がしていた。起つべきだった。しかし、私を売ってくれる代弁者が居なかった。

しかしテレビに戻りたかった。

私は挙に出た。

日本一のテレビ局のトップに、直訴を試みたのである。一度としてお会いした事もない、NHK会長、海老澤勝二さんにだ。平成九（一九九七）年七月から平成十七（二〇〇五）年まで会長職にあったから、就任して間もない時の事だと思う。

海老澤　勝二様

私は明大裏口入学事件で世間をお騒がせ致した人間です。それは一九九一年でした。以来、反省の日々を謹慎の身として月日を重ねて参りました。

私は役者ですから、仕事に復帰出来なければ、家族を養ってゆく事が出来ません。民放テレビ局に使ってもらえる為には、まずNHKテレビに使ってもらうのが一番大切ではなかろうかと、私は考えたのでございます。面識も無い故に、突然、会長に直訴する無礼をお許し下さい。

ぜひ、NHKのテレビに出させて下さい。

なべおさみ　拝

こんな手紙だったと思う。

勿論、電話も返事も無かった。

従ってＮＨＫ側から、注意やお叱りを受ける事もなかった。

それが、

ひと月ぐらい経った頃、突然一本の電話が家に掛かって来た。なんとＮＨＫからだった。


それは大阪ＮＨＫから、ドラマの出演依頼の話だった。

「夜会の果て」ジェームス三木、脚本
明治政府の初期、伊藤博文が新憲法を創り出すまでの政界裏話であった。

私の役は、伊藤博文だった。

一時間ドラマ、全六話の作品のＮＨＫらしい大作だ。

江守徹、黒木瞳、長門裕之など豪華出演陣。

大阪へ飛んだ。新幹線だが心が飛んでいた。

第一話、全出演者の顔合わせと本読み。

一室の中央に長い口の字形にテーブルが置かれて、最奥にＮＨＫ側の人々が陣取っていた。こうした場合、座る位置で役者の格が判る。入室するや卓上に、役名と役者名が短冊に書かれて貼られている。役者はそれをめざして椅子につく。

緊張の一瞬だ。

私はゆっくり歩を進めた。

そして私が見た自分の名は、一番奥のＮＨＫの人々の直前に置かれていたのだ。

反対側の目の前が江守徹さん、その横が黒木瞳さんだった。


本読みが終わった。

明日からの本番に備えて、役者の退きは早かった。会話のひとつも交わさず消えた。

「一寸、なべさん！」

チーフ・プロデューサーから声が掛かった。

「上のデスクにおいで下さい！」

小さくも有無を言わせぬ力があった。

「しまった！」

と、私は只今終わった本読みのリハーサルの不出来の注意だと合点した。無理もない、六年以上も現場を離れていた私だったから、役者としての発声や役のとらえ方に不備を感じとられたのだと考えた。

ゆっくり階段でワンフロアを上がった。ドラマ演出部が待っていた。私はチーフ・プロデューサーの前に立った。

「なべさん、はっきり申しましょう」

ドキリとして目を見た。

「二、三年、仕事を休まれた方は、めっきり変わっているものです」

私は六年だった。

「あなたは少しも変わっていない！」

そうして私の両肩に手を置いた。

「しっかり頑張って下さい！」


どうして良いか判らず、立ったままでどっと泣いた。


ホテルは私の我儘で「リーガロイヤル」にしてもらっていた。大阪はロイヤルと決めていたから、リーガが付いてもそこにした。

フロントに行くと、紙袋を手渡された。

エレベーターで開くと手紙が入っていた。

「復帰を心よりお慶び申し上げます。ホテルより心尽くしの気持ちでございます」

そしてキーが添えられていた。

部屋に一歩入って驚いた。その部屋はセミ・スイートルームだった。テーブルは花で飾られ、色取り取りのフルーツが満載されていて、中央に小さく色紙が添えられていた。

「ごゆっくりお過ごし下さいませ」

決してNHKの定められた金額で泊まれる部屋ではなかった。
ロイヤルホテルの「おもてなし」以外の何ものでもなかった。六週間もでした。
セリフの暗記は風呂でします。
バスタブにひたりながら、明日の本番に備えて夢中の時を過ごしていました。
ポトリ
台本のページに、額の汗がしたたり落ちました。
その時です。私は気が付きました。私の身体の中から、あの氷柱が消えていたのです。
私は湯に潜って泣きました。あんな嬉しい涙ってあるんですね。
大阪も、ＮＨＫも、温かい。
忘れません。

終章

再び「ケ」と「ハレ」考

日本人の真の起源をたどる道

日本の生活の中にある、観念的な「しきたり」としての「ケ」と「ハレ」を御存じですか？

「……？」「？　……」

「ケ？」「……ハレ？」

それでいいんです。ケもハレも、私達は知らず知らずのうちに身をひたしているのです。本来、日本には「不文律《ふぶんりつ》」と称される暗黙の掟が多数ありました。文章として、書き付けてはいないけれど、全ての人々の了解事項となっているきまり事です。

習慣として守り抜いてきた、その土地その地域の風習です。これは、人間社会の中で人間が人間として欠かしてはならない守り事として地域ぐるみで、伝承し続けていたのです。

「ケ」とは「褻」と書きます。当て字です。

意味を申しますと、辞書などには「おおやけでないこと」「よそゆきでないこと」「ふだん、日常」等と出てきます。

つまり日常生活そのものが「ケ」です。

普段の事は「ケ」です。平常なことは全てが当てはまります。裏返せば特別ではないものがケなのです。

例えば農夫を例にとってみます。

寝ていたら庭で鶏が鳴き出しました。

井戸端で顔を洗って食卓に着くと、ご飯と味噌汁と梅干しと目刺しが出て、お茶を飲んでから野良へと出てゆく。朝日の昇ってくるのに、手を合わせ拝んでいると女房が隣で祈っていた。

これは日常茶飯事の物語です。

それがケなのです。

一日の労働が終わって体を洗って晩飯です。囲炉裏端で一服し、夜なべのわらむしろ編みをして、床に入る。隣の女房の寝息が余りに可愛くって、のっかかる。

「アレ、お前ぇさま！　……」

「ハフン！」

「ハフン！」

と、これも良くあること。

子が出来る、子が運なく流行病《はやりやまい》で死ぬ、悲喜こもごもケの世界。

人間社会で一番重要なことは、生きて行く為の製産にある。これが円滑に進行する事が国家にとっては最重要課題なのだ。

これを上手に運営して国家を成立させるのが、政治です。

日本の古き古き時代から、政《まつりごと》には、ケとハレの思念が表裏一体となって民を仕切ってきているのです。

では「ハレ」とは何でしょう。

「晴れ」です。

「表向き」とか「正式」「おおやけ」と辞書には出て来ます。着る物でみてみましょう。

大昔は、大概は着たきり雀と言われるように、一枚しか持っていないのです。それでは大事な行事にはむさくるしくて出られません。それで庶民は、その日の為に誰でもが、奥仕舞いの一枚を大切に持っていたのです。

それが「よそいき」です。

余所行きですから、特別の一張羅を着て行くわけで、よそいき、よそゆき、と言われました。

これが「ハレ」です。特別なんです。

子供の宮参りは産土《うぶすな》の神に参詣させるのですから、待ってましたの親心。身を削っても飾ってやります。これが「ハレギ」「晴れ着」です。「ハレ」は「めったに拝めない」と言う気持ちのこもった特別のものであったのです。食べ物にしても、息抜きの遊びにしても全てが「ケ」と「ハレ」の観念で出来上がっておりました。米が常食なら糯米《もちごめ》は特別の米です。「ハレ」の祝い事の時だけ赤飯にして食べられました。普段に食べてはならないのです。それが常識という定めです。これも政《まつりごと》です。働かせる為の謀《はかりごと》。政治的智恵なのです。

庶民、民衆、民、と言われる者が懸命に労働に従事して、何らかを産するから、社会が存在し国家が成り立っているのです。人は真面目に、一生懸命、働けば働くほど溜まるものは今も昔も同じです。「憂《う》さ」です。

憂さは晴らすしかありません。

「憂さ晴らし」です。現代病のストレスやフラストレーションによって健康を害《そこな》うのは、昔の人のように憂さの晴らし方が上手ではないからです。つまり人間は真面目に生きるほど、欲求不満が募るのです。欲求不満はある程度の自己管理で抑える事も出来ますが、それは先に希望の灯が見えていればの話です。

けじめの無い仕切りの一線が不確かな中では、我慢に限界が来るのです。

ある者は毎日の仕事からの解放を望み
ある者は、あびるほど酒が飲みたいと願い
ある者は、家庭や社会の柵《しがらみ》から逃れたい
ある者は、女を抱きたい、腹上死でもいい
ある者は、御馳走にあやかりたい
ある者は、得意の音曲を披露したい
ある者は、筋力ある肉体を存分に見せたい

そうしたい、そうやりたい、ああ、やりたい、ああ、したい、と、民衆は願っている。これは男性だけではありません。男尊女卑の世にあった長い近世までの時代でも、縁の下の力持ちの女衆だって欲求不満は積もる。

ああ、食事なんて作りたくもない
ああ、ゆっくり寝ていたいなぁ
ああ、野良着を脱いで着替えてみたい
ああ、笛や太鼓で踊ってみたい
ああ、浴衣を開《はだ》けてこの胸を見せつけて
ああ、男なんかに負けない上戸《じょうご》さね
ああ、抱かせてやりたいあの人に
ああ、抱かれてみたいあの人に
ああ、ああ、ああ、と出るは溜息ばかり。

民の世界に声なき声の充満を、お上《かみ》が悟る。放っておけば生産に支障が出る。

放っておけば士気が上がらない。

放っておけば何処かで崩れる。

放っておけば必ず爆発だ。

放ってはおけない。

放ってはならない。

放らずに完全解消の方法はないものか。

考えよ、考えよ。

政治の担い手は海千山千だ。

若くても老獪《ろうかい》だ。裏も表も知っていた。

ましてや、日本国家の推進者達はヘブライ語の教典を守り抜く人々だったのでした。

そう、「ケ」も「ハレ」もヘブライ語なのだ。いとも簡単に答えを出した。

モーセも神から安息日を与えられているのだから、人々に休息日をお上から与えてやればよろしい。それも思いきった安息日をだ。

それなら自分達の祖先が、この島に辿り着いて王国を造ったのだから、私達の祖国に伝わる制度を応用しようよと、潔く決意を固めたのです。この血は「Y染色体のD系統遺伝子」が集積されている。あなたも私も、日本人のほとんどがそれだ。

古代イスラエル人の血と、守り抜いてきたユダヤ教の智恵で、欲求不満で労働する人々への解決策が誕生します。まさに、暴発を防ぐ為の「ハレ作戦」です。それが「祭り」なのです。

祭りの中に全てのハレをぶち込んで、ケで溜まった鬱積を所払いさせてしまおうと言うのが施政者側の魂胆でした。

何もかも、日頃の制約も戒禁も全て解禁してしまう。これは凄いアイデアですよ！

許されない事は許し、守るべき事は守らなくとも良い。目を光らしていたことは目をつぶって、聴き耳たてることは聴かぬふり、注意もしなければ口もつぐむ。お上の姿勢です。三猿像そのものに徹する。「損して得取る」戦術でした。「祭り」は無礼講の原点だったと私は考えています。

貴も賤も上下の差別なく、礼儀もかまうものか、世の中の全ての柵を取っ払ってとなります。専制政治の奇奇怪怪だ。

その上、お上から、「富める人間は、この機会に人々に振る舞え、たんとたんと。食べ物も酒も、何もかも」。民間の富有者へも下知されて一致協力だ。

お山の寺社も、普段は女人の参拝は禁じられているが解禁だ。宵宮（宵祭）からお山の階段を登って行けるのだ。女人は喜んだろうね。女達は胸おどらせて出掛けただろう。何しろ性の解放なのだから。これって近代までの真実です。その前に一寸「御輿《みこし》」の話をしておこう。これこそが、日本の中核がユダヤ民族なのだ、と証明出来るものなのですから。

たかがお祭りではありません。お祭りという行事を取って付けた先人達ではありません。深い深いユダヤ人としての誇りと、忘れてはならないユダヤ国民の史実を祭りに封印したのですから。

御輿は本当は「神輿」と書くべきです。

それは神幸《しんこう》の際（神が旅をしたり降臨したりする時）、神体または御霊代《みたましろ》が乗るとされる輿《こし》だからです。「形状は四角形・六角形・八角形などで、多くは木製黒漆、金銅金具付。屋蓋の中央には鳳凰または葱花《そうか》を置き、台には二本の棒を縦に貫いて轅《ながえ》とし、舁《か》く便に供する」

こう定められているのです。日本の話です。ところがこれは「旧約聖書」の中で、きちんと定められていると言ったらどうでしょう。それを日本式にしたのだから驚きです。

日本の「神輿」は、日本に渡来して先住民を東へ追い払ったユダヤ人王国が、彼等の最大の宝物たる、ユダヤ人の魂の象徴「契約の箱」を具現化したものなのです。

皆さん御存知でしょう。

アークです。聖櫃《せいひつ》です。昭和五十六（一九八一）年暮れに封切られた映画『インディ・ジョーンズ／レイダース失われたアーク』を楽しんだ人も多いでしょう。あれです。

「契約の箱」は「旧約聖書」の中で最も神聖なものの一つなのです。

これも『十戒《じっかい》』。昭和三十三（一九五八）年公開のモーセの物語。旧約聖書から映画化されました。モーセは神からユダヤ人が守るべき十の掟をシナイ山で下されます。この石板とアロンの杖とマナの壺が納められているのです。これはダビデの子ソロモンが建てたエルサレムの神殿に鎮座していたのですが、やがてイスラエルがアッシリアに滅亡させられると、消えてなくなりました。それが日本の何処かに隠されているとのロマンも言われ続けているのです。なにしろ「契約の箱」のイメージで造り出した神輿が、今も息衝いているのですから。

さて聖書についてみてみましょう。

どのくらい細部にわたって神がこだわりをみせているかを知っておきましょう。何しろ「ミコシ」は、ヘブライ語では「ミコダシュ」であり日本語的な訛で「ダ」音が飲み込まれ「ミコシュ～ミコシ」と変化し「神輿」となったと言って良いのですから。その神聖さもヘブライ語「ミコダシュ」の意味「聖所」の通りなのです。

「出エジプト記」第二十五章十～二十二節

「アカシア材の箱を作らなければならない。長さは二キュピト半（一キュピトは約四五センチ）、幅は一キュピト半、高さは一キュピト半。これに純金を被せる。それは、その内側と外側とに被せなければならない。その回りには金の飾り縁を作る。箱のために、四つの金の環《かん》を鋳造し、それをその四隅の基部に取りつける。一方の側にふたつの環を取りつけ、他の側にほかのふたつの環を取り付ける。アカシア材で棒を作り、それに金を被せる。その棒は、箱を担ぐために、箱の両側にある環に通す。棒は箱の環に差し込んだままにしなければならない。抜いてはならない。私が与えるさとしをその箱に納める。また、純金の『贖《あがな》いのふた』を作る。

（中略）槌で打って作ったふたつの金のケルビムを、贖いのふたの両端に作る。ひとつのケルブは一方の端に、ほかのケルブは他方の端に作る。ケルビムを贖いのふたの一部として、互いに向い合って、ケルビムの顔が贖いのふたに向かうようにしなければならない。その贖いのふたを箱の上に載せる。箱のなかには、私が与えるさとしを納めなければならない。私はそこであなたと会見し、その贖いのふたの上から、イスラエル人について、あなたに命じることを、ことごとくあなたに語ろう」

そう、神はモーセに言われました。いかがでしょう。聖書に書かれているのです。とってつけた思いつきで、私が祭りについて考察しているのではないのです。

ひとつの点、ひとつの点が、人生の中で見えてくるのです。

ただ漠然と点を見つめていれば、点しか見えません。それだけの事なのです。落合博満さんのおっしゃった、「身体にシーズンオフを教えない」臨戦態勢の教訓が、あの時以来の私の普段の心構えとなっていて、点を点として記憶して、後で気付いたら点と点を線でつないで行くのです。

「甲子園から排除」。堅気でない人の排除でした。

この紙面を見て、暑い夏の甲子園名物「ぶっかき氷」のビニール袋入りが消えたと知った。

これが一つの点。

私の住む下北沢の神社の祭礼では、周辺道路や境内から露店の商売が排除された。同じ世田谷区内の神社では、昔ながらの露店商の店が三〇〇メートルも並ぶ。

火の消えたような味気ない、商店街の者達だけのお祭りが私の地元の現実です。

一方、押すな押すなの玉川神社。家族で出掛けて焼きそばに舌つづみだ。同じ世田谷区です。

これも一点。

月に一度の聖書研究を東大駒場に通って、敬愛する東大ＯＢの宮本富江先生や東京ホライズンチャペル平野耕一牧師に習って六年になる。

これも一点。

今見て来た点がつながると、甲子園の高校野球も球児の晴れの大舞台のお祭りだと判る。そして全てつながると、太古の昔に制定した、お祭りの本質が見えて来る。

「お祭り」は庶民の鬱憤晴らしのハレに見せて、神とユダヤの契約を忘れまいぞとする、民族的な行事なのだと気づかされるのですね。

紀元前に渡来して来たユダヤ民族とユダヤ教。そして紀元後に入ってきた後続のユダヤ支族がキリスト教を身にしていた事による、日本史の中の隠された暗闘と妥協、そして和睦。更には一致団結して国家造りを為し遂げた歴史が理解されてくるのです。学校で教えてはくれません歴史です。どんなに国王が立派でも取りまく重臣が無能であれば国家は腐る。必ず反乱が起こり国家は滅亡するのです。

日本は紀元前六六〇年に神武天皇を祖として、皇紀を刻んでいるとされているのだから、現代の西洋暦に六六〇年をプラスすれば、皇紀が出る訳ですね。二〇一五年プラス六六〇年は二六七五年となります。二六七五年続いている国家の王は世界にいるだろうか。日本は天皇を奉じて、天皇家を護り続けている世界に類の無い国家なのです。その歴史分の長さは、導く指導者も良く、そして支える国民も立派なのです。

日本って祭りひとつ考えても凄いのです。

お祭りは「ケ」の、日常的制約、恒常的規則からの解放でした。これは全ての秩序を取りはらい、いわば祭事中の行為も思考も、全てお目こぼしと言う、前代未聞の一大行事でありました。これ従って、お祭りは二日ないし三日の間は実に無防備なふしだらな無秩序な世界となります。これをみれば誠に地獄絵ですが、祭りの期間の人々にしてみれば、苛酷な労働から解放され、腹いっぱいのめったに食べられない御馳走にありつき、たらふくきこしめすことが出来るのですから、こたえられないことでした。浮いた浮いたの気持ちに酒が入れば、日頃のきめごとなど吹っ飛んでしまうものです。全て「ケ」から「ハレ」への軌道が敷かれている上を突っ走る訳です。

どれだけ自堕落になれるかが、楽しみの正体なのですから。箍《たが》の外れた人間が野にも山にもいっぱいだった事でしょう。

そこへ神輿だ。神輿はヘブライ語の「ミコダシュ」が語源でしたね。「聖所」、神のおられる所の意味です。あれ？　「山車《だし》」も？　「ミコダシュ」から？　「ダシュ〜ダシ〜山車《だし》」。

では、「巫子《みこ》」は？　「ミコダシュ」から？

こうしたひとつの疑問を点として、自分で調べる努力が興味になってくると、知識として自分のものになってきます。

日本が見えて来ますからね。段々、自分の中にユダヤの血が混ざっていて、日本人って凄いぞと思えてきます。

さて、古代には手造りの「神輿」があったはずです。紀元一〇〇年には、渡来の民が各地で自分達の「ムラ」を形造っていた頃だ。それは大小一〇〇ほどの数で、その一つの有力なムラが「クニ」を称えて「邪馬台国」となります。卑弥呼が女王として三〇ヵ国を統治して倭《わ》を支配したと常識的には言われていますが、当時の記録は日本には存在しておりません。紀元三〇〇年ぐらいは、日本の文化は低かったのか、もしくは古文書を燃やしてしまうという愚挙によってか、『天皇記』ですら八世紀までは残っていないのが現状です。物部守屋《もののべのもりや》（モリヤはユダヤの祖祖父アブラハムの子の名ですね）邸にあった史書が消失したのは、崇仏・廃仏抗争の戦火によってです。七一二年、太安万侶に『古事記』を撰進させる百年も前に、日本にあった朝廷所蔵の史書はなくなっていたのです。『古事記』と『日本書紀』に頼るしかないのが表むき、日本の歴史です。

何を言いたいかというと、古文書の類いに、庶民の出る幕はなくって、生活そのものが不明なのです。

だからこそ、小さな点を見つけたら、次の点と結びつくようにと、祭りに関してアンテナを張っていなくてはならないのでしょう。全国各地の神輿が、基本的に同じであっても、趣を異にするのは、各村々で部族ごとの主張が少しずつ違っていたからではないだろうか。それはとりもなおさず日本に入って来たイスラエル十支族が、入って来た支族ごとに各地で小国化し拡大していったのではないだろうか。渡来して来た年代がそれぞれ異なるから、最大人数で天皇に入国を許された「弓月君《ゆづきのきみ》」に率いられた秦氏一族の三七五年辺りで一応おさまったのだろうか。いえいえ、イスラエル系以外の先住民も各地で存在していました。

日本列島に先住していた人々は、東に追いやられたとはいえ、まだ強力だったのです。

先住民が縄文時代ならイスラエル支族の渡来からは弥生時代となるといってよいのが本当の歴史です。

焼き畑から本格的な農耕へと変わるのだ。これによって安定した食糧が確保でき、「村」としての定住が可と為ったのです。遊牧を基本としていたユダヤ系の人々が定住の地を得たのです。その場所を得る為には蝦夷《えみし》、隼人《はやと》、熊襲《くまそ》、毛人などとの戦いがあっての上です。先達のイスラエル系支族は五世紀応神天皇時代までに西から征服していって、静岡から関東は、先住民と入れかわって治めてしまいました。エミシはエゾで隼人は鹿児島県全域の住人の事です。熊襲と同じ古代朝廷に反抗した九州の猛者です。今では広義のインドネシア人、つまりマラヨーポリネシア系の人々だと言われています。根本的《DNA》にイスラエル渡来人と異なる民族です。

日本の先住民を学んでみましょう。

①隼人（ハヤト）
②熊襲（クマソ）
③肥人（クマビト）
④土蜘蛛（ツチグモ）
⑤国栖（クズ）
⑥古志（高志、越とも書く、コシ）
⑦粛慎（ミチハセ）
⑧毛人《もうじん》（エミシとも読む）
⑨蝦夷（エミシ・カイ・エゾなどとも読む）

とある。

この他に、騎馬民族系（ツングース系か）に、遅れた渡来の為に、朝廷から単に「帰化系」とされた漢・韓の人々がいます。

そして最大数での先住民アイヌ。エミシと称されたのが全てそうなのか、毛人と言われた「毛野国」がケヌの国と言われた関東地方北部の地域の人々も毛深かったから、アイヌと同族とも思われている。エミシは蝦夷の古称です。私はアイヌの人々以前にも、先住民が居たと学ばせてもらっているが、やはり文化的な意味で縄文土器の文化だったアイヌ人の時代がモンゴロイドとして最大数の日本列島の人間だったと信じています。

石器に依る文明のもとにあった狩猟と漁猟の民が、鉄器を使用する民族の凌駕を受け、ある者は戦死し、ある者は和平を結び、ある者は北国へと逃げてやがて北海道へと渡って独自の道を歩んだのが真実でしょう。独特の文化を今も保持する先住民最大の人々です。

さて、祭りに戻しましょう。

日本に国を造り出した人々もまた、出自がそれぞれでしたから、それが、羽目を外した祭りとはいえ、その形態に少しずつ色を付け、己の民族のアイデンティティを忍ばせているのだと思います。

さてさて祭りそのものを運営してみると、その土地土地を仕切る者達の手におえない部分が出て来ました。それが諍《いさか》いです。

言い争いは自己主張から起こりますが、口論から喧嘩へと進みます。それに、酒が入っているから始末におえません。それも「可」であったのが不思議ですが、実はお上の思惑には、「祭りは戦《いくさ》の綺麗事」だとの観念が隠されていたのです。一朝事あった時には、鍬取る手で戦乱に打って出なければならぬのが、民の役目でした。日頃にこの気持ちを忘れさせず植え付けておくのには、祭りは恰好の行事と考えられていたのです。

ですから大概のお祭りは「喧嘩まつり」が基本です。村対村の戦……競争……競いあいが真の姿です。

男達は、鍛え上げた肉体を使って「勝つ」ことに集中するのです。

女達はその勇壮さに血湧き肉躍らせて、声を張り上げたのです。ですから、神の宿る御神輿が、乱暴にも大道を練り歩き、海中を往き、山上へと駆け登る。色々な祭りが存在していいますね。日本は。

ぶつかり合いぶつけ合い、駈けめぐり鎬《しのぎ》を削りあいました。死人が出るのは当たり前、怪我するのも当然、それこそ祭りに命をかけたのです。諏訪大社の御柱の荒事や檀尻《だんじり》祭りの勇壮さを思ってみて下さい。勿論、神事として存在させましたが、その裏にはユダヤのトーラーに則《のっと》った、大地や天への感謝や願い、ユダヤの歴史にまつわる忘れてはならぬ事柄を秘めさせたのでした。「平時に乱を忘るるなかれ」が祭りの裏の顔なのです。

そうした隠れた文化は、ハレとしての祭りから必然的にハレの人々を誕生させていきました。

酒の入った人々の乱暴狼藉は、智恵ある人も裕福な人も地位ある人も、徳の高い人もどうする事も出来ません。彼等は肉体的に劣性であるのが常でしたから。しかし叡知に富み哲学を持つ、上に立つ人々は対処する方法を考え出しました。それが「クシュ」です。これもヘブライ語で、「מש」クシュと言う言葉があります。ユダヤ人には「わら」を意味しますが日本では「草」と訳されます。この言葉から私は私なりの考察をいたしました。

エフライム族を中心とした、渡来してきたユダヤ系の人々は、アジアの大陸に、安住の地はありませんでした。東の果てを目指さない限り、エフライム族から王を樹立しない限り、イスラエル国そのものが消滅してしまうのです。

中国の山地から高原へ、そして平野も勿論落ちつける所ではなく、長江河口の呉《ご》に行き詰まってしまったはずです。時は春秋時代でしょう。呉は舟人《ふなびと》の長じた場所。長江は揚子江です。中国一の大河です。ここそが中国の大動脈たる、交通・産業・文化の中心地ですから、東を目指す最適地だったのです。

事実、此所からしか「日の本の国」へは行かれませんでした。長江は、東シナ海に流れ込むという大自然の摂理です。

余談ですが、中国において長江河口地方を領有し建国していた呉の国家が紀元前四七三年に滅亡してしまいました。が、この時、日本と通商していた呉の舟団や舟人が大挙して逃げのびてきて住み着き、船業で生き抜いた場所が広島県の呉《くれ》ではないかと思うのです。紀元前六六〇年以前に日本に送り届けたイスラエルの民が、立派に国を樹立していたのですから、以後もこの呉の舟によって送ってもらって来たユダヤ系の人々が、呉の国を逃れてやって来た民を嫌うわけがありません。日本の地に「呉《くれ》」と命名してもらい船造りや舟人を業としたとしてもおかしくはありません。そして船造り、船の操舵《そうだ》技術を日本人に教えたのでしょう。確かに呉は、古来から造船所として、又、軍港の街として現代までを生き抜いているのですから。ね、歴史って面白いでしょう？


さて話をもどしましょう。

呉の舟人に助けられ、日本列島に辿り着いた時代は、日本では縄文時代です。

やがて同じように呉の舟人の手助けで、ユダヤ系の人々が次々と到着してきたのでしょう。あっと言う間に過ぎて行った時代は、戦い戦いの連続であったでしょう。

日本史的には先住民との土地の奪い合いでした。より良き場所を求めて、亡国の民の後継者達は必死で九州から敵を追い出しました。恐らく当時の民が、日本列島の本州東北方面に分布していた事が幸運だったのでしょう。あっという間に出雲に達し、先住の人々を蹂躙していったのでしょう。祖国イスラエルの民がそうであったように、力のある者が押し寄せた場合には、三つの選択肢しかありません。

一、戦って敗れる。つまり殺される。
二、戦わずに降伏し、服従、隷属する。
三、逃亡する。

出雲には先住の民として、ポリネシア系の海洋民がいたと言われています。

此所でイスラエルのエフライム族の末裔達は、王国を築いていったのです。そうして、日本の地にふさわしい神道《しんとう》の宗教を作っていったのです。

こうした時代の中で西洋暦〇《ゼロ》年となります。

まだ出雲が最大の国家です。

二世紀頃にも中国や朝鮮に留まっていたイスラエル系の人々が入って来ます。

そうして三七五年には、先に来ていた偵察の人々の案内でどっと王国ごと渡来してくるのです。この頃の歴史的な事は一切記録がありません。『古事記』『日本書紀』にも神武天皇から八代の天皇は記述がありません。

「欠史八代」と言われております。

まさにこの間はエフライム族の時代でしょう。私は天皇の年代で言えば応神天皇の十五代までは先着イスラエル族の時代で、日本の中に国を打ちたてるのに必死だったと考えています。更に言えば、『日本書紀』に登場する二十六代継体天皇の時代までに、第二波のイスラエル系渡来人の文明文化が、日本国を創建したのだろうと考えています。

従って、この頃こそ、日本の中に「祭り」と「神輿」の樹立があったと推察します。

これは秦氏の日本渡来が、十四代天皇の仲哀《ちゅうあい》時代から始まり、十五代応神天皇時代に一万人以上ものまとまった一族でやって来ていることや二十一代雄略天皇時代に一万八一七〇人もの秦一族が、又もややって来ている事と無関係ではないと思うのです。そうして日本の歴史書に記事として出てくる継体天皇の時代までに、大和朝廷は出来上がったと思うのです。だいぶ横道に外れましたが、こうした事も頭に入れて、「祭り」を考えていきましょう。

さてさて、こうして祭りを行うまでに社会・文化が充実してくると、そこに発生するのは怠け者です。

「ケ」の世界では生きられない者達が社会の中に誕生してきたのです。

「ハレモノにさわる」という言葉がありますね。「腫れ物」と書きますが、本来は「晴れ者」です。扱いづらい人間に仕方なく接するさまを言うのですから。このハレモノが、ケの世界から弾き出された者なのです。

「朝、早く起きたくない」

「働きたくない」

「定めに従ってなんて生きられない」

というような非生産的人間です。言うなれば「堅気」とは言えない類いの人々です。

これを渡来の人々は、

「クシュみたいな奴だ！」

と蔑んだでしょう。でも蔭口です。恐いですから。

こんな人間がどこにも生まれて来たでしょう。

「こいつもクシュだ、あいつもクシュだ！」

と言ったのですが、イスラエル系の人間は、シャシィシュシェショの発音が上手に出来なかったのです。それで聞いてる方の人には、ジャジィジュジェジョとかザジズゼゾと聞こえたのです。

「クシュ」は、

「クズ」になりました。

クズは屑です。

「人間のクシュだ！」は「人間の屑だ！」と、なりました。

この人間の屑がそこここに誕生してきたのは、社会がそこそこ安定してきたからこその産物です。そうした安定の上の産物が祭りでしたから、これを取り入れてしまったのです。

つまり分限者達が手分けしてクシュ達を取り込んだのです。

「お前を男と見込んで頼みがある。村中のクシュを集めてお前が仕切らないか。そうして、祭りを無事催す事が出来るなら、これこれの褒美をやろう。酒は飲ませぬ上でだが！」

そうなったでしょう。

誇りに感じた男気に勝る若者は、いいかげんな若者を束ねて、祭りを見守る任務につきました。神輿の進行を助けさせ、喧嘩の仲裁をし、祭りで起こる全ての揉め事を受けもったのです。すると村の旦那衆は、「馬鹿と鋏《はさみ》は使いよう」とばかり、このクシュ達を束ねる者に、過分な報酬を与えました。

丸ごと祭りの為の集団として組み入れて、一年間の食い扶持を与えたのです。

クシュも働かずに酒が飲め飯が食えれば言う事なし、束ねる兄さんも、村人から兄貴、兄ィとたてられて、祭りの相談にも顔を出せるくらいの顔役になっていきました。

談合の席でも上座に席を与えられましたから。その席は役に付く人の席でした。「役座」です。これが「ヤクザ」の語源だと言う方もおりますが、私の考察は違います。「クシュ」と呼んで使うのも少々まずいでしょう。それでおだてる手に出たのです。

イスラエルの民は今でも神は「ヤハウェー」です。絶対神です。「ヤー」と言えばヤハウェーの事で、「ヤー」などと簡単に、滅多に口にしてはいけないとされている、大変意味深い言語なのです。

それを利用したのだと推察します。

「お前もあれだけのクシュを率いて、立派に祭りを支えてくれた。これは大したものだ。これからは、年間の扶持も保証するから、祭りだけでなく見廻りや、寺の面倒もみてやってくれないか」。ヤの付くクズが「ヤークズ」で、「ヤクザ」となったと、私は語源を提起してやみません。そうやってクシュも社会へ溶けこんで行ったのです。

「どうだ、ひとつ商売をやりながら一家を組んでいかないか？」

と組織化されたクシュは、表向きを考えて手を出せないでいた旦那衆に代わって、「ケ」の人々がやれなかった「水商売」を始めるのです。「飲み屋」などや「女郎屋」など、「ケ」の人々が憂さを晴らす商売へ進出し、「ハレ場所」すなわち盛り場を形成して参ります。

お寺や神社への協力と共に共存共栄が考え出され、お祭りでの露店商売を考え出して行きました。そこの場は「ハレ」の場所で、「ケ」の、普段と違う晴ればれとした世界へ誘うわけですから、家を想い出させてはならないのです。どこまでいっても祭りの期間は「ハレ」でなくてはいけません。ですから見るもの聞くもの食べるものが家庭的であってはならないのです。日常茶飯事を忘れさせる世界こそが大切な基本なのです。

これが原則！

お祭りの屋台には、「ハレ」という、およそ日頃の生活から逸脱したムードがあり、子供でも体験出来たワクワクするような別世界の臭いが漂っていて、「別天地」を感じとれたのです。大人も子供も、そのよそよそしい世界には、その世界でしか味わえない不可思議な独特の雰囲気がある事に胸が弾んだのです。大人にならねば味わえない全てが享楽という「ハレ」の心髄の技の為せるものなのです。初めは用心するくらい危な気な「ハレ」場の空気は、直きに馴れを生じさせ甘美なものとかわります。

見せ物小屋も毒毒しい色の飴も全てが別世界の誘惑に満ちた、魅力ある景色になるのです。

「屋台」は祭りの華でした。ハレの世界への甘誘口なのです。さあて、普段は無口な恥ずかしがり屋の少女が、後ろに居並ぶ男衆のお囃《はや》しで踊り狂います。此所を先途と手振り身振り、忘我の境を舞いあげるのです。

後ろの人々も得意満面で笛を吹き鼓を打って、「ハレ」の舞台を飾るのです。仮の板っぱち舞台からの魅力の虜《とりこ》となって、本舞台は檜《ひのき》の板張りですから「檜舞台《ぶたい》」となるわけです。ハレの中にある格式でした。

エンターテインメント、否、娯楽と言われるもの全てが、「ハレ」の業なのです。大きく言えば、製産に携わる人々のストレスを除去する業の人々は、「ハレ」の生業《なりわい》で、クシュな人々に委《まか》された職業でした。

この「クシュ」も大きく差別・被差別の世界に区分けされたのですが、それは論じません。別の機会と致します。

こう考えてくると、私の住む地元の祭りの味気なさを取りもどす為に、世田谷奉行所やお堀端警視奉行所などが、味なお裁きをしてくれないものでしょうかね。

「堅気《ケ》でない人々《ハレ》の祭りへの露店業参加は、永い時代を生き抜いた先人国家運営人の智恵でありますから、現代人が軽軽しく不参加を強制など出来かねます。よって、堅気の人々の露店業参加は、祭りやこれに準ずる会などへの出店を禁じます。同時に古来より露店を業とする堅気ではないと認定される人々のみが出店を可能と致します」

お祭りの入浴は「入れ墨の無い方の入浴は御遠慮下さい」だね。

大阪に「新歌舞伎座」という劇場があった。道頓堀近く、御堂筋難波にあった。芝居好きの初代オーナーが古式豊かな、格式ある小屋を創った。少し時代が過ぎ時代の波にのまれて劇場は他人の手に移った。買い占めたその方が正面玄関をくぐって驚いた。そこは広々とした空間が存在していて、ふかふかした絨毯を敷きつめたロビーだった。経済に秀でた成功者は思った。

「こんな無駄なスペースを使っているから、儲からんのだ」

そうしてロビーは改修され、広い広いコンビニが誕生したのです。「ハイソン」だか「ロンソン」だったか忘れたが。

考えてもごらんなさい。

劇場に一歩足を踏み入れるや、そこは娯楽の殿堂です。夫を勤めに出し、子等を学校に送った主婦が、大好きな舟木一夫を観に飛んできたのです。劇場に足を入れるか入れない間に、巷の木枯らしを忘れる暖風が頭上から降り掛かります。これが民家なら、

「この暖房費、幾ら掛かるやろ？」

となりますが、まったく気にとまりません。それを忘れさせ、心のもやもやを解き放つのが劇

場や芝居小屋の役目です。

ロビーは、その最初の気分転換を図る重要な場所なのです。「ハレ」の世界への入り口ですから。お祭りの裸電球に照らされた屋台なのですよ。

「遊ばしておくなんて、勿体無い！」

などと考える経営者に、「ハレ」場の精神史など判りようもなく、娯楽産業参入など不向きもよいとこでした。

まして「ケ」の店たるコンビニを据えるなどとは、物を知らないにも程があると、本物達は誰もが思ったのです。ロビーで、客は「ケ」から「ハレ」の世界に身を転じるのです。この事を弁えぬ者に、王国の主は務まらないと私も思いましたね。ええ。この同じ経営者が、同じ事を海外で考えて行動をしました。これも、私なりの考察ですが申します。ハワイにあるアラモアナ・ショッピングセンターは、私の知る限り世界一の売り上げを誇るショッピングセンターとなっていました。左右に一直線のショッピングモールが建ち並び、中央は広い通り道となっていました。

適当にハワイの大樹木がそびえていて、木蔭にベンチが点在しておりました。

建物と建物の間の空間は空に達し、明るいハワイならではの陽光が降り注いでいました。二階建てのモールは、本当にもったいないほど余裕に満ちた造りでした。「ここはハレ場なんだなあ」と、行く度に思っておりました。

ある時、この建物が三階建てに改修を始め、そして建物と建物にアーケードが付きました。中央通路のセンターのあちこちに、セメント造りの用水桶じみた物が出来、やがて、ついに、そこに鯉が放たれました。

ハワイならではの青い空が見えなくなり、広々とした中央路は、せこせこした道となりました。聞けば新歌舞伎座を買った人が、息子に買い与えたのだというのでした。

ここも日本人だけでなく、誰もがハワイという「ハレの外国」で、ハレ気分で買い物をする「お祭り場所」だったはずです。

一平米で幾らの売り上げの計算よりも、どうやって気分を昂揚させてみせようかという計算を為すものの場所なのです。

そう、ハワイの中の「ハレ場」です。

ケとハレは、そうしたものにまで浸透しているのだと思います。幸いにもこの事業者は消え去りました。

その点での「ハレ」の本質を知る最高の場所は、「ディズニーランド」だと思います。

縫いぐるみに入っている人は、絶対に「私はミッキーに入っている！」等と言ってはいけないと、誓約書に捺印するそうです。

「子供の夢をこわしてはならない！」

それがウォルト・ディズニーの信念でした。

ミッキーマウスもドナルドダックも実在する世界を守るのです。

「サンタクロースはいるの？」

に対する答えは、

「いるとも！　でも子供にしか見えないんだね。お父さんもお母さんも見えないから、来たら教えて！」

これがハレの答えでしょう。

どうも、アラモアナの件も、芝居小屋の事も、クリスマスプレゼントの袋に――パパより――って書いてる者の仕業の気がする。

「ハレ」とは夢の世界でもあると、私は信じているのです。なべおさみはハレ世界の者ですから。ケでは失敗だらけです。でも「ケケケ！」と笑って生きてます。

おわりに

正直な気持ちを申し上げましょう。

五ヵ月にわたってこの書の為に机に向かいながら、私の心は常に、「こうしているより、テレビや舞台に出演したいな」と、必ず思っておりました。私は役者なのですから。

これも正直に話しましょう。

この世界に入って私はずっと一人の男を、長い時間見続けて生きております。

昭和三十三（一九五八）年にこの世界に首をこじ入れる前の僅かの時間、「ケ」の世界と「ハレ」の合間をウロウロしていた事があります。それは私の高校時代の事でした。唯一の顔パスの効く平尾昌章（現・昌晃）さんの銀座のジャズ喫茶「テネシー」の楽屋へ、度々出入りしていた時の事です。これは私の心の基点として残っている「男らしさ」の原点です。

それはひょんな出来事です。

私が軽く右手を上げ「テネシー」の入り口を入ってゆく直前に、一人の若者が入って行ったのです。必ず入り口にはチビなママが立っていて、入場者を見張っているのです。私達銀座で遊び回る若者からは「ＳＯＳのママ」と蔭口を言われる経営者でした。何かあると直ぐ警察に助けを求めると、すかさず築地警察が飛んで来てしょっぴいて行くことからたたかれた名称でした。実は当時、急激に若者のロカビリーバンドやシンガーが台頭して来た頃でして、各々のファンが、ジャズ喫茶に押しかけて人気の程が知れる現象が起きていたのです。そのファンはほとんど若い娘ですから、それを目当てに入場する若者も多かったのです。だが彼女達のお目当てはステージ上にありましたから、ハナもひっかけてはくれません。そこで人気の花形歌手への反発として、悪さが起こるわけです。私が平尾さんの問題を解決したのも、そんなトラブルです。ステージで歌う平尾昌章に二階の若者からコップの水が掛けられたのです。「ＳＯＳ」さんの出番で、二階の若者は二、三日築地署泊まりでした。

その後で、「お礼参り」の電話が入り、困り果てているところへ私が首を出し口も出し、その話を買って出て、難なく解決したのです。ここから、マネイジャーの青山さん達の信頼を受け、テネシーに関しては平尾さんを守ってやろうと、暗黙の定めが出来ていました。「ＳＯＳママ」も了承する事でしたから、私は出入りがフリーパスだったのです。それほど平尾昌章は人気がありドル箱だったのです。でも、私が入って行く時のママの応対は、「知らんふり」でしかありません。ところが私の直前に入って行った若者には、ママはにっこり笑ってみせたのです。これはショックでした。嫉妬です。メラメラ！

バンドの連中の方へ消えた男のジーンズの右尻ポケットには二本のドラムスティックが入って

います。何故か解りません。この時にボウボウと炎を上げたジェラシーは、人生最大のものです。今でも胸に残っているのです。

「あれ、誰？」

「ジミー竹内さんとこのボウヤだよ」

私はきっちり、顔を心に焼き付けました。

昭和三十三年、日劇で第一回「ウエスタンカーニバル」が二月に始まりました。ビデオ・ホールでやっていた「ウエスタンカーニバル」はスウイング・ウェストの堀威夫さんの主唱で催されていました。これは本来のウエスタンバンドのイベントでした。この力を協力させて大舞台に乗せたのが渡辺プロ創設時の渡辺美佐さんでした。ジャズ喫茶のヒーローが一堂に会する大イベントでした。これはこの時代の文化の光り輝く記念碑です。

私はウエスタンバンドの「カントリージェントルメン」の寺本圭一さんと一緒に暮らすような仲を構築する直前に、日劇の楽屋に出入りし始めます。それは第二回興行の五月公演からです。ところが、この寺本圭一さんの楽屋には山下敬二郎、水原弘のお二人が同室でおりました。やがてこれが縁で、私は十回公演の昭和三十五（一九六〇）年五月の時には付人として水原弘の下で働くようになっておりました。

そして、その頃、なんとテネシーで会った尻ポケットにスティックの男が日劇のステージを飾っておりました。そして、彼等のバンドはかなりの人気でのし上がっていったのです。

「むむっ！」

羨ましい限りで行く末をみつめているばかりでありました。ところがある時のウエスタンカーニバルで仲間のグループから、こんな話が出てきました。

「あいつ、たいした奴だぜ。正月明けに休みを取って、イギリス旅行にメンバー全員で出掛けるんだとさ。でも……」

その時、噂の主人公が現れたのです。

「又、その話か！」

「でも本当のこったろう？」

「ああ」

「何なんだ聞かせろよ！」

私の主人の水原弘が言いました。

「メンバー全員の使える小遣いが百五十万しかなかったんだって！　それで、その金を俺にまかせないかとメンバーに言ったんだって。そうだよね？」

聞かれた本人が苦笑を返しました。当時は一ドル三百六十円の時でした。一人で持ち出せる金は五百ドル、日本円は十万円と定まっていた頃の話です。リーダーを含めて七人ですから、百五十万あれば充分の小遣いでありました。

「それじゃつまらないだろ。だから俺に任せろと言ったんだ。競馬で一発勝負して、大名旅行をするか、スッテンテンで貧乏旅行になるか、やってみようとね」

みんな、この人の顔を見た。見ている人の顔が凄かった。当代の人気者がびっしりだったからだ。山下敬二郎、井上ひろし、ミッキー・カーチス、寺本圭一、ジャッキー吉川とブルーコメッツ、飯田久彦などなど。

みんな興味津津で固唾《かたず》を呑んで見守った。

「それで！　それでどうなった？」

が、みんなの声なき声だった。

私が何年も前にテネシーで焼き餅やいた、あの男は、少し黙った。

これなんだなぁ、この男の肝っ魂の太さは。人々を睥睨《へいげい》していた。

あの時、私が「この野郎！」と思ったのは、あんな小煩《こうるさ》いママが笑顔で受け入れるのを、平気の平左ですんなり入ってゆく小憎らしい態度だった。それに引き替え、私なんかは顔パスの度にドキドキしていたものだから、この男の無頓着そうな行動に瞠目せざるを得なかったのです。

「それで！」

水原弘がせっついた。

これだけで負けだ。器が一枚相手が上だった。それから、おもむろに言った。ほら、私はこの書で、本物はおしなべて静かで涼やかだと言ったでしょう。あれです。

結局、全員の賛同でリーダーは一本勝負に出た。みんなが呆れ返った思い半分、真似の出来ない諦め半分で話は終わった。

一本勝負で乞食旅行にはならなかったのだ。私は人の輪の中にいて思いましたよ。

正直、「この野郎……」。


その何年も後の話だ。

私も一本立ちしていた。おやじに呼ばれた。この場のおやじはハレ大王様だ。勝大魔王だ。付いて来いと言うので一緒に出掛けた。そこは品川のホテルの一室だった。

テーブルには五、六人が座っていた。

それは円形のポーカーテーブルだった。

薄暗い照明の中に座る男達は沈黙の中に居た。おやじが席に着くと空いた席は一つとなった。

誰一人、口をきかなかった。

突然ドアが開いて女性の押す車椅子に乗ったマオカラーの白の上下の男が現れた。一同が起立して迎えた。

「遅くなりました。さあ始めて下さい」

白のチャイナドレスのスリットは太股近くまで切れこんだ絶世の美女だった。

後に知らされるが、この二人は韓国から月に一度日本へポーカーをしにやって来るのだそうだ。当時あちらではレートの高いゲームをするメンバーが居ない為、わざわざ日本に遊びに来ていたのだ。上着の下には小水袋を付けていて、何時間かに一回彼女が外してトイレに流しにゆく。その度に彼は両手を車椅子の肘掛けに突っ張って起ち上がって彼女が付けに来るのを待つ。起たないと両足の血行が悪くなり、腐ってしまうのだと、女の説明があった。

私は少し離れたソファに座って見学者だったが、私の知る限りのレートとは桁外れだと思われた。ところが、おやじがトイレに行くからお前が代打ちしていろと命令された。

席に着いて、あっと声を出すところであった。当時は一国一城の主になっていた、尻スティックが正面にいたのだ。

私はラッキーなカードの入りで、またたく間にチップを山と稼いだ。途中明け方に私は抜け出て来たおやじが出て来て、それを見てポンと一枚チップをくれた。だが、まさか現金化するのも何だから、持って帰って来た。それが一枚五万円だと思うと少し残念だったが、何枚積まれてもその男は顔色一つ変えなかった。あの男だけがそれからの私の心に残照のように残っている。

まさに男だった。卑近な例だと叱られるかもしれないが、芸能界成功者は数多けれど、私の心には芸能界最高の男として存在している。

男の名は、田邊昭知。

こんな人のところで、役者人生を終えてみたいと思っている今日この頃です。

平成二十七年　秋深く

なべ　おさみ

なべ　おさみ
1939年、東京都生まれ。本名は渡辺修三。
1958年、明治大学演劇科入学後、ラジオ台本などの執筆活動に入る。その後、水原弘とともに渡辺プロダクションに入り、水原や勝新太郎、ハナ肇の付人となる。62年明治大学卒。64年、『シャボン玉ホリデー』(日本テレビ系)でデビュー。「安田ぁー!」の決めゼリフのコントで人気を博した。68年、山田洋次監督の『吹けば飛ぶよな男だが』で映画主演も果たす。74年に渡辺プロを退社し、森繁久彌の付人になる。78年から『ルックルックこんにちは』(日本テレビ系)内の人気コーナー「ドキュメント女ののど自慢」の司会も務めた。91年、明大裏口入学事件により、芸能活動を自粛。現在は、舞台や講演を中心に活動中。
著書に『やくざと芸能界』(講談社+α文庫)などがある。

昭和《しょうわ》の怪物《かいぶつ》
裏《うら》も表《おもて》も芸能界《げいのうかい》

2015年12月17日　第1刷発行

著　者　なべ おさみ
発行者　鈴木 哲
発行所　株式会社 講談社
〒112-8001
東京都文京区音羽2-12-21
電話　編集　03-5395-3522
販売　03-5395-4415
業務　03-5395-3615

印刷所　慶昌堂印刷株式会社
製本所　黒柳製本株式会社

ISBN978-4-06-219823-3
定価はカバーに表示してあります。